www.ingramcontent.com/pod-product-compliance
Lightning Source LLC
LaVergne TN
LVHW010357070526
838199LV00065B/5850

لاٹری کا ٹکٹ

(انشائیے)

شوکت تھانوی

© Taemeer Publications LLC

Lottery ka Ticket *(Humorous Essays)*
by: Shaukat Thanvi
Edition: September '2024
Publisher :
Taemeer Publications LLC (Michigan, USA / Hyderabad, India)

ISBN 978-93-5872-353-3

مصنف یا ناشر کی پیشگی اجازت کے بغیر اس کتاب کا کوئی بھی حصہ کسی بھی شکل میں بشمول ویب سائٹ پر اَپ لوڈنگ کے لیے استعمال نہ کیا جائے۔ نیز اس کتاب پر کسی بھی قسم کے تنازع کو نمٹانے کا اختیار صرف حیدرآباد (تلنگانہ) کی عدلیہ کو ہوگا۔

© تعمیر پبلی کیشنز

کتاب	:	**لاٹری کا ٹکٹ** (انشائیے)
مصنف	:	**شوکت تھانوی**
صنف	:	طنز و مزاح
ناشر	:	تعمیر پبلی کیشنز (حیدرآباد، انڈیا)
سالِ اشاعت	:	۲۰۲۴ء
صفحات	:	۱۱۲
سرورق ڈیزائن	:	تعمیر ویب ڈیزائن

فہرست

(۱)	ٹائیگر	6
(۲)	سناؤں تمہیں بات اک رات کی	16
(۳)	اشتہاری شادی	30
(۴)	ایک سنجیدہ بات	42
(۵)	برادرم عزیز مرحوم	57
(۶)	چوری	67
(۷)	افیونی	80
(۸)	ہوم ممبر	91
(۹)	لاٹری کا ٹکٹ	101

ٹائیگر

میں نے کہا۔ "شوں۔"

بیگم نے کہا۔ "اوں"

ٹائیگر میرے قدموں سے لپٹا ہوا زبان نکالے ہانپ رہا تھا اور بیگم صاحبہ کے قدم معہ جوتوں کے مسہری پر رکھے ہوئے تھے۔ انہوں نے چیں بچیں ہو کر کہا۔ "مجھے نہیں اچھا معلوم ہوتا۔"

میں نے ٹائیگر کو دلار سے دیکھتے ہوئے کہا۔ "کون؟ میرا ٹائیگر؟" جل کر کہنے لگیں۔ "ہاں یہی مُوا، اسے یا تو باہر ہی رکھا کیجیے نہیں تو کسی دن میرے ہاتھوں اس کی موت آجائے گی۔"

میں نے دانتوں میں انگلی دبا کر کہا۔ "ارے بیگم یہ کیا کہہ رہی

ہو۔ تم کو اگر ٹائیگر کے احساسات اور جذبات کا احترام نہیں ہے تو کم سے کم میرا ہی خیال کرو کہ مجھ کو کتے کی شان میں تمہاری یہ گستاخیاں کس قدر بری معلوم ہوتی ہوں گی۔ اس قدر عالی خاندان کتا، اس قدر قیمتی جانور اور اس قدر وفا شعار رفیق اور اس کو تم اس طرح برا بھلا کہتی ہو؟"

جلبلا کر بولیں۔" ہاں میں تو اسی طرح بلکہ اس سے زیادہ اس موئے موذی کو کہوں گی۔ اگر آپ کو اپنے کتے کا ایسا ہی خیال ہے تو اس کو باہر رکھا کیجئے گھر میں آیا تو ٹانگ توڑ دوں گی۔"

معلوم نہیں بیگم کی اس بد اخلاقی پر ٹائیگر اپنے دل میں کیا کہتا ہوگا۔ بہرحال، ہم خود کو اپنے معزز کتے کی اس کھلی ہوئی توہین پر قلبی اذیت ہوئی اور ہم فوراً "آؤ بیٹا" کہہ کر ٹائیگر کو ساتھ لیے ہوئے باہر چلے گئے اور یہ طے کر کے کہ آج سے بیگم کو ٹائیگر سے پردہ کرائیں گے۔ چوکیدار سے کہہ دیا کہ دیکھو ٹائیگر کو باہر ہی رکھا کرو۔ اندر نہ جانے پائے اور جب ہم نہ ہوا کریں تو اس کو باندھ دیا کرو۔"

اس دن کے بعد سے ٹائیگر کبھی اندر نہ گیا۔ بیگم کو تو اطمینان تھا، ہم کو اس خانہ جنگی اور فرقہ وارانہ باہمی اختلاف سے سخت تکلیف تھی۔ ہم چاہتے یہ تھے کہ گھر پر آکر اپنے رفیق ٹائیگر اور اپنی رفیقہ

حیات دونوں سے بیک وقت دلچسپی لیں لیکن بیگم کی ضد نے ہم کو مجبور کر دیا تھا کہ ہم گھر کے اندر کچھ وقت گزاریں اور کچھ ٹائیگر کے پاس گھر کے باہر۔

مختصر یہ کہ جس جھگڑے کی وجہ سے ہم ایک بیوی کی موجودگی میں دوسری شادی کے مخالف تھے۔ وہی جھگڑا بغیر دوسری شادی کئے ہوئے ہمارے گھر میں موجود تھا۔ پھر بھی ہم مناسب موقع کی تلاش میں تھے کہ بیگم کو سمجھا بجھا کر ٹائیگر سے مصالحت کرا دیں گے۔ بہت ممکن ہے کہ یہ گھریلو اختلاف ختم ہو جائے

ایک دن صبح کے وقت میز کے ایک طرف بیگم بیٹھی تھیں اور دوسری طرف ہم چائے نوشی کے ساتھ ساتھ بیگم کو خوش اخلاق اور ہنس مکھ پا کر ہم نے ٹائیگر کا مسئلہ چھیڑ دیا اور اس سنہرے موقع سے فائدہ اٹھانا چاہتے تھے مگر بیگم نے کہا۔

"آخر آپ کو یہ موا کتا کیا پسند ہے۔ مجھ کو تو صورت دیکھ کر ڈر معلوم ہوتا ہے۔"

ہم نے کہا۔"میں سمجھتا تھا کہ آپ اس کو مذہباً گھر سے باہر رکھنے پر مصر ہیں۔ آج معلوم ہوا کہ آپ محض ڈرتی ہیں۔"

جلدی سے کہنے لگیں۔

"ہاں مذہباً بھی کتا گھر میں رکھنا کوئی ثواب نہیں ہے۔"

ہم نے کہا۔

"ایک بات بتائیے کہ آپ ڈرتی ہیں یا مذہباً کتے کو الگ رکھنا چاہتی ہیں؟"

کہنے لگیں۔ "دونوں باتیں ہیں۔ موئے کی صورت بھی کیسی خوفناک ہے۔" ہم نے کہا۔

"نہیں، اس کو تو بڑی بڑی یورپین دیکھ کر ہزار جان سے عاشق ہو جاتی ہیں اور بڑے بڑے کتوں کے ماہرین کی رائے یہ ہے کہ مجھ کو خوش قسمتی سے ایسا کتا مل گیا ہے۔ اس کا شجرہ اگر تم دیکھو تو پتہ چلے گا کہ کتنا عالی خاندان اور نجیب الطرفین ہے۔"

بیگم نے منہ چڑھا کر کہا۔ "آگ لگے اس موئے کی شرافت میں اور جھاڑو پھرے اس کی صورت پر میں تو یہ کہتی ہوں کہ آپ اس سے بلی پال لیتے، مجھ کو بلی اچھی لگتی ہے اور وہ ناپاک بھی نہیں ہوتی۔"

ہم نے ہنس کر کہا۔ "بلی؟"

آواز آئی۔ "کھُل گیا کھُل گیا۔"

اور بیگم ہڑبڑا کر اس طرح کرسی سے اٹھ کر میز پر پھاند پڑیں کہ ایک بھونچال آگیا۔ چائے کے کچھ برتن زمین پر گر کر ایک ایک کے دس دس

ہو گئے اور کیتلی مع دودھ دان کے ہماری گود میں اس طرح آرہی کہ ہم بھی ناچ گئے اور ٹائیگر صاحب کرسی کے قریب زبان نکالے ہوئے کمر مٹکا مٹکا کر دم ہلا رہے تھے اور میز پر چڑھی ہوئی بیگم کے منہ سے الفاظ تک نہیں نکلتے تھے۔ ہم بڑی دیر کے بعد سمجھ سکے کہ کیا واقعہ ہوا ہے اور جب حواس بجا ہوئے تو بیگم کی حماقت پر خاموش ہنسی ہنستے ہوئے ٹائیگر کا پٹہ پکڑ کر باہر چلے گئے۔

اس دن کے بعد سے ہم کو پورا یقین ہو گیا کہ بیگم اور ٹائیگر کے درمیانی اختلاف کو مٹانا ممکن ہی نہیں ہے۔ چنانچہ ہم نے پھر اس کی کوشش بھی نہیں کی۔ البتہ ہم کو یہ اندیشہ ضرور تھا کہ کہیں بیگم صاحبہ ہمارے عزیز از جان ٹائیگر کو زہر نہ دے دیں یا کسی نوکر کو رشوت دے کر اس کو قتل نہ کرا دیں۔ چنانچہ اس کے لیے تو ہم نے نوکروں کو آگاہ کر دیا تھا کہ اگر ٹائیگر کا بال بھی بیکا ہوا تو نوکروں میں سے کوئی بھی پھانسی سے نہ بچ سکے گا لیکن ضرورت اس بات کی تھی کہ بیگم کو بھی اس عذاب جہنم سے ڈرا دیں جو کتے کو قتل کرانے یا زہر دلوانے کے بعد خدا کے یہاں انسان پر ہوتا ہے۔ چنانچہ ہم نے بیگم سے کہا۔

"اب ٹائیگر کے لیے باقاعدہ انتظام کر دیا ہے کہ وہ کبھی گھر نہ آنے پائے۔"

بیگم نے کہا۔ "اب کی آیا تو اس کی قضا بھی آجائے گی۔"

ہم نے کہا۔ "نہیں، اب وہ نہیں آئے گا مگر دیکھئے کہیں آپ یہ حرکت نہ کر بیٹھے گا کہ اس بے زبان جانور کو زہر دے کر مار ڈالیں۔ اس لیے کہ بڑا گناہ ہے۔"

بیگم نے لاپرواہی سے کہا۔

"ہاں کتے کو مار ڈالنا گناہ ہے اور کتے کو پالنا تو گویا ثواب ہی ہے۔"

ہم نے وحشت ناک صورت بنا کر کہا۔

"نہیں واقعی کسی بے زبان جانور کو مار ڈالنا تو ایسا گناہ ہے کہ اس کا عذاب جیتے جی گھر بھر کو بلکہ خاندان بھر کو ملتا ہے۔ ابھی تھوڑے دن ہوئے کہ میر کاظم علی نے اپنے کتے کو مار ڈالا۔ اس بے زبان کا ایسا صبر پڑا کہ پہلے تو اسی ہفتہ میں ان کا جوان لڑکا مرا۔ پھر دوسرے ہفتہ میں جوان لڑکی معہ نواسے کے ختم ہوئی۔ تھوڑے ہی دنوں بعد داماد مر گئے۔ پھر بیوی نے ایڑیاں رگڑ رگڑ کر جان دی بلکہ مرتے وقت کتے کی صورت ہو گئی تھی۔ اور ابھی تین چار دن ہوئے کہ وہ بے چارے خود مرے ہیں۔ اور لوگ کہتے ہیں کہ ان کا دم کتے کی طرح نکلا ہے۔ بلکہ وہ بھونک بھی رہے تھے۔"

بیگم نے خوف کے مارے پھریری لے کر کہا۔

"یا اللہ توبہ ہے۔"

ہم اپنی کامیابی پر خوش ہوئے اور کہا۔" واقعی توبہ کا مقام ہے۔ بے زبان جانور کو مار ڈالنا اچھا نہیں ہوتا۔"

بہر حال اس برمحل ترکیب سے اتنا فائدہ تو ضرور ہوا کہ بیگم صاحبہ نے قتلِ ٹائیگر سے ہاتھ اٹھایا لیکن وہ یہ برابر کہتی رہیں۔

" اگر گھر میں آیا تو اس کی ٹانگ توڑ دوں گی۔"

ہم نے کہا۔" ہاں تم خود ٹانگ توڑنے کی ہمت رکھتی ہو تو میں ابھی ٹائیگر کو حاضر کرتا ہوں۔"

بیگم نے جلدی سے کہا۔" دیکھیے آپ کو خدا کی قسم جو لائے۔"

ہم نے کہا۔" نہیں آپ شوق سے ٹانگ توڑیں۔" اور یہ کہہ کر ہم باہر کی طرف بڑھے۔

بیگم نے ہاتھ پکڑ کر کہا۔" دیکھیے اچھا نہ ہوگا۔"

اور ہم ہنستے ہوئے دفتر چلے گئے۔

دفتر سے واپس آکر سب سے پہلے ٹائیگر کی کوٹھری میں گئے لیکن وہاں ٹائیگر کا کہیں پتہ نہیں تھا۔ دل دھک سے ہو گیا کہ اونہو آج بیگم نے اس بے زبان کو خدا جانے کس عذاب میں مبتلا کیا ہوگا۔ معلوم نہیں مار ڈالا یا کہیں چھڑوا دیا گیا۔ بہر حال اب ہم کو پورا یقین ہو گیا تھا کہ ہم سے بچھڑا ہوا ٹائیگر اب ہم کو نہ ملے گا۔ بیگم کے اس ظلم پر غصہ آرہا تھا اور

دل چاہتا تھا کہ ہم بھی گھر میں نہ جائیں۔ چوکیدار سے پوچھا تو وہ گدھا فوراً دوڑ کر کوٹھری میں گھس گیا جہاں ہم خود دیکھ چکے تھے کہ ٹائیگر نہیں ہے اور وہاں سوالیہ نشان بن کر کھڑا ہو گیا۔ ہم نے ڈانٹ کر پوچھا۔ "کہاں ہے ٹائیگر؟"

کہنے لگا۔ "حضور! ابھی تو یہیں تھا۔"

ہم نے گھونسہ تان کر کہا۔ "تو کیا ہوا بتاؤ نہیں تو جان لے لوں گا۔"

کہنے لگا۔ "حضور ابھی میں نے اس کو دودھ دیا تھا۔ کوئی پانچ منٹ ہوئے ہوں گے۔"

ہم نے کہا۔ "کیا تجھ سے بیگم نے اس کو کہیں چھڑ وایا تو نہیں؟"

کہنے لگا۔ "نہیں حضور۔"

ہم نے۔ "اچھا ٹھہرو تم، ابھی میں بتاتا ہوں۔ اور ہم خود زن زناتے ہوئے گھر کے اندر گئے کہ آج ٹائیگر کی دشمنی کا بدلہ لیں گے اور خود بھی اس گھر سے جدھر منہ اٹھے گا چلے جائیں گے۔ لیکن گھر میں جا کر عجیب نقشہ دیکھا ٹائیگر صاحب تو نہایت متانت سے بیچ صحن میں کھڑے دم ہلا رہے تھے۔ اور بیگم صاحبہ لاپتہ تھیں۔ ہم نے آواز دی۔

"آپ کہاں ہیں؟"

جواب آیا۔ "ہٹائیے اس موذی کو۔"

ہم نے پھر آواز دی۔

"آخر آپ ہیں کہاں، میں نے اس کو پکڑلیا ہے۔"

جواب آیا۔

"نہیں اس کو پہنچا دیجئے۔"

اب جو ہم دیکھتے ہیں تو غسل خانہ میں اندر سے زنجیر لگی ہوئی ہے۔ ہم نے ٹائیگر کو باہر پہنچا کر چوکیدار کے سپرد کر دیا اور فوراً اندر آ کر کہا۔

"ٹائیگر باہر گیا ہے، اب آپ نکلئے"

بیگم بالکل ٹائیگر کی طرح ہانپتی ہوئی غسل خانہ سے اس طرح برآمد ہوئیں کہ نہ پیر میں جوتہ نہ سر پہ دوپٹہ۔

ہم نے کہا۔

"آخر یہ بھی کوئی وحشت ہے۔ چوکیدار کو بلوا کر ٹائیگر کو باہر بھجوا دیا ہوتا۔"

کہنے لگیں۔

"جی ہاں باہر بھجوا دیا ہوتا۔" وہ مُوا ایک دم سے سر پہ آ گیا۔ میں بیٹھی ہوئی میز پوش کی جھالر بُن رہی تھی کہ اس موئے کے ہانپنے کی آواز آئی، اب جو منہ اٹھا کر دیکھتی ہوں تو وہ بالکل سر پہ کھڑا ہوا تھا۔ میرا تو دم ہی نکل گیا۔ آپ آج ہی اس کو گھر سے نکالئے، نہیں تو میں کسی دن مر جاؤں گی۔"

ہم نے بھی جب سنجیدگی سے اس مسئلہ پر غور کیا تو سمجھ میں آیا کہ صورت حال نبھنے والی نہیں ہے۔ چنانچہ اب ٹائیگر تو ہمارے ایک

دوست مسٹر اسکاٹ کے یہاں ہے جن کی بیوی کو اس سے اس قدر محبت ہے کہ شاید مسٹر اسکاٹ سے بھی نہ ہوگی اور ہمارے گھر میں بھی امن ہے بلکہ ہم میاں بیوی کے تعلقات اب پہلے سے زیادہ خوشگوار ہیں۔ معلوم ہوا کہ ٹائیگر ہم دونوں کے درمیان ایک وسیع خلیج کی حیثیت رکھتا تھا۔

سناؤں تمہیں بات اک رات کی

واللہ میں بزدل نہیں ہوں نہ لکھنؤ میرا وطن ہے بلکہ میرا تعلق تو اس خاندان سے ہے جس کے تعلق کے افسانے آج تک بزدلوں کو بہادر بنانے کے کام میں آتے ہیں لیکن بعض واقعات ہی ایسے ہوتے ہیں کہ بڑے سے بڑا بہادر بھی لرزہ براندام ہو جائے۔ بلکہ ہمارا تو یہ خیال ہے کہ جو واقعہ ہم پر گذرا ہے۔ اگر اور کسی بہادر انسان پر گذرتا تو شاید دہل کر مر جاتا یا سہم کر عرصہ تک اختلاج قلب وغیرہ میں مبتلا رہتا لیکن ہم نے اس آزمائشی اور امتحانی موقع پر اپنے ہوش وحواس کو اس حد تک قائم رکھا کہ نہ تو خوف کی وجہ سے دم نکلا اور نہ اختلاج قلب کی شکایت مستقل طور پر پیدا ہوئی البتہ گھگی ضرور بندھ گئی تھی۔ خیر یہ کوئی ایسی بزدلی کی بات نہیں۔

قصّہ یہ ہوا کہ لکھنؤ میں مسلح ڈاکوؤں کی کثرت نے ایک تو یوں ہی سب کو ڈرا رکھا تھا۔ اس پر طرہ یہ کہ کسی اللہ کے بندے نے ایک خط بھی ہم کو بھیج دیا کہ اگر جان کی خیریت چاہتے ہو تو ایک ہزار روپے ہماری نذر کر دو۔ ورنہ مقابلے کے لیے تیار ہو جاؤ۔ اس خط کو دیکھ کر پہلے تو تھوڑی دیر کے لیے ہم کو بھی محسوس ہوتا رہا کہ واقعی قلب کی حرکت بند ہونے والی ہے۔ لیکن پھر ہم نے اس بزدلی پر دل ہی دل میں خود ہی اظہارِ تنفر کیا اور مونچھوں پر تاؤ دیتے ہوئے وہ خط لے کر بیگم کے پاس پہنچے تاکہ ان کو بھی یہ الٹی میٹم دکھا کر خطرہ کے لیے تیار کر دیں لیکن بیگم ٹھہریں عورت! ان کا خط دیکھتے ہی گویا دم نکل گیا۔ ایک دم سے زرد پڑ گئیں اور ڈرتے ڈرتے بھرائی آواز میں کہنے لگیں۔ "پھر — ؟"

ہم نے بہادرانہ مسکراہٹ کے ساتھ کہا۔ "پھر دیکھا جائے گا۔"

بیگم نے ہکا بکا ہو کر کہا۔ "دیکھا جائے گا۔ مجھ کو اور بچوں کو لے کر آج ہی زرد کوٹھی چلئے میں اب یہاں ایک منٹ نہ ٹھہروں گی۔"

ہم نے بیگم کو مطمئن کرتے ہوئے کہا۔ "گھبرانے کی کوئی بات نہیں۔ میں آج ہی تمام روپیہ اور زیور بینک میں رکھوائے دیتا ہوں اور ایک پہاڑی بندوقچی پہرہ دینے پر نوکر رکھے لیتا ہوں۔"

بیگم نے اس تجویز سے اختلاف کرتے ہوئے کہا۔

"اس سے کیا ہوا اگر ڈاکوؤں کو روپیہ نہ ملا تو وہ جان لیں گے۔ بنک میں روپیہ رکھنے سے کیا فائدہ ہوگا۔"

ہم نے کہا۔ "مگر بنک میں کوئی ایسا طریقہ نہیں ہے کہ میں آپ کو اور بچوں کو بھی وہیں رکھا دوں۔ ہم سب کی حفاظت خدا کرے گا۔"

بیگم ہیں ذرا مذہبی قسم کی عورت۔ خدا کا نام سن کر دل سے نہ سہی مگر اخلاق اس انداز سے چپ ہوگئیں کہ گویا اطمینان تو نہیں ہوا ہے۔ مگر مجبوری کا نام شکر ہے۔ بہر حال ہم واقعی صرف یہی کر سکتے ہیں کہ روپیہ اور زیور بنک میں رکھوا دیں اور پہرہ دار نوکر رکھ لیں۔ اس کے علاوہ ہم نے یہ بھی کیا کہ وہ دہشت انگیز خط جو ہم کو موصول ہوا تھا۔ پولیس میں بھجوا دیا اور اس کے بعد اپنے کو مع بال بچوں کے خدا کو سونپ کر بیٹھ رہے۔

جس روز کا یہ واقعہ ہے۔ اس روز چراغ میں بتی پڑتے ہی ہمارا تمام گھر مقفل کر دیا گیا۔ پہرہ دار خاص ہمارے کمرے کے دروازہ پر تعینات کر دیا گیا اور کمرے کے اندر بھی یہ انتظام تھا کہ خود ہماری چارپائی پر توشک کے نیچے بندوق تھی اور تکیہ کے نیچے کارتوس۔ بیگم نے اپنے دونوں بچوں کو ان کے بستروں کے بجائے خود اپنے پاس لٹایا تھا اور یہ طے کر لیا تھا کہ تمام کوئی نہ سوئے گا۔ حالانکہ بغیر طے کیے بھی نیند کا آنا ذرا مشکل ہی تھا۔ بہر حال شام ہی سے ہم سب اسی طرح کیل کانٹے سے لیس ہو کر بیٹھ گئے کہ گویا کسی

آمد آمد ہے۔

رات کا ابتدائی حصہ بخیریت تمام گذر گیا اور بارہ بجے رات تک سڑکوں پر آدمیوں کی اور سواریوں کی آمد و رفت سے چہل پہل رہی۔ لیکن اس کے بعد رفتہ رفتہ سناٹا ہونے لگا۔ یہاں تک کہ ایک ہو کا عالم ہو گیا۔ رات کی ایک بھیانک تاریکی اور وحشت ناک سناٹا معلوم ہوتا تھا کہ ہم سب کو نگل جائے گا۔ اور بغیر ڈکار لیے ہضم کر جائے گا۔ اس وقت گویا ہم تاریک رات کے بھیانک سیاہ دیو کی آغوش میں تھے کہ وہ جب چاہے ہم کو اٹھا کر منہ میں رکھ لے۔ اس خوفناک سکوت کو اس طرح توڑا جا سکتا تھا کہ ہم بیگم سے باتیں کرتے اور بیگم ہم سے لیکن دونوں اس قیمتی وقت کو فضول بک بک میں ضائع کرنا نہیں چاہتے تھے۔ بلکہ اپنی اپنی جگہ پر یہی سوچ رہے تھے کہ جب ڈاکو آئیں گے تو ہم ان کا خیر مقدم کس طرح کریں گے اور جب وہ ہم سے روپیہ طلب کریں گے تو ہم کس طرح اپنی ناداری اور مفلسی کا ان کو یقین دلائیں گے۔ پھر اگر خدا نخواستہ ان ظالموں نے ہم کو قتل وغیرہ کیا تو کیا ہو گا۔"

پہرہ دار نے نہایت ڈراؤنی آواز سے کہا "ہاہ... ہو۔"

ہم تو خیر چھ سات انچ اچھلے ہوں گے کہ بیگم غڑاپ سے لحاف کے اندر گھس گئیں اور سانس روک کر رہ گئیں۔ اس حماقت کا احساس پانچ منٹ بعد ہم کو اور سات منٹ بعد ان کو ہوا مگر اس کے باوجود نہ تو ہنسی آئی اور نہ

دونوں میں سے کسی نے اس پر کوئی تبصرہ کیا بلکہ پھر اسی طرح بیٹھ گئے ۔

داغ فراق صحبت شب کی جلی ہوئی
اک شمع رہ گئی ہے سو وہ بھی خموش ہے

یعنی سکوت کا یہ عالم تھا کہ ہم دونوں ایک دوسرے کے دل کی دھڑکن نہایت صاف سن رہے تھے اور ذرا ذرا سے کھٹکے پر یہ آواز اور بھی تیزی کے ساتھ ڈبل مارچ کرتی سنائی دیتی تھی ۔ ہم نے اس مہمل بزدلانہ خاموشی پر خود ہی جو غور کیا تو کچھ شرم سی آنے لگی ۔ لہٰذا یہ طے کیا کہ کوئی کتاب پڑھ کر یہ وقت کاٹا جائے مگر سوال یہ تھا کہ کتاب تھی میز پر اور چارپائی تھوڑے فاصلہ پر ۔ لہٰذا کیونکر ممکن تھا کہ ایسے نازک موقعوں پر ہم چارپائی سے اٹھتے اور میز تک جا کر وہاں سے کتاب لاتے ۔ اور فرض کیجیے کہ ہم اس طرح اپنے کو خطرے میں ڈال بھی دیتے لیکن اگر اسی وقت کوئی آجاتا تو بڑی مشکل ہوتی ۔ لہٰذا یہ ارادہ ملتوی کرنا پڑا ! اور یہی مناسب معلوم ہوا کہ بیگم سے باتیں کریں ۔ چنانچہ اس اسکیم کے نشیب و فراز پر خاموشی کے ساتھ خوب اچھی طرح غور کرنے کے بعد ہم اس نتیجہ پر پہنچے کہ اگر چپکے چپکے باتیں کی جائیں تو چنداں مضائقہ نہیں ہے ۔ لہٰذا تھوڑی دیر تک ارادہ کرنے کے بعد ہم نے کہا ۔

" بیگم ! "

بیگم نے زیر لب کہا ۔ " ہوں ۔ "

ہم نے کہا۔ "جاگ رہی ہو نا؟"

بیگم نے پھر اسی طرح بغیر منہ کھولے ہوئے کہا۔ "ہوں۔"

ہم نے چپکے سے کہا۔ "ڈرنا نہیں۔ ہم جاگ رہے ہیں۔"

بیگم نے اس کا جواب دینا کچھ ضروری نہیں سمجھا اور ہم بھی سوچنے لگے کہ اب کیا کہیں۔ کیوں کہ ہم کو زیادہ غور کرنے کی مہلت نہ رہی۔ اس لیے کہ چار پانچ بلکہ اس سے زیادہ کتوں نے آواز ملا کر خوفناک طریقہ پر بھونکنا شروع کیا۔ اور ان کے بھونکنے سے قدرتی طور پر ہم کو اس نتیجہ پر پہنچنا پڑا کہ ضرور کوئی غیر معمولی واقعہ پیش آیا ہے۔ غالباً یہی فیصلہ بیگم صاحبہ نے بھی کیا۔ اس لیے کہ چپکے سے انہوں نے پوچھا۔

"کتے کیوں بھونک رہے ہیں؟"

ہم نے کہا۔ "معلوم نہیں۔"

بیگم نے کانا پھوسی کے انداز سے پوچھا۔ "چوکیدار سو گیا ہے؟"

ہم نے رازدارانہ طریقے پر جواب دیا۔ "معلوم نہیں۔"

بیگم نے کہا۔ "اس کو آواز دیجیے۔"

ہم نے کہا۔ "ابھی چپ رہو کتے ذرا چپ ہو جائیں۔"

مگر سوال یہ تھا کہ کتے واقعی کیوں بھونک رہے ہیں؟ یقیناً انہوں نے کسی اجنبی آدمی کو اس طرف آتے ہوئے دیکھا ہے اور کیا تعجب ہے کہ وہ

آدمی ڈاکو ہو اب خطرہ نزدیک تھا اور خطرے کے نزدیک ہونے کی یہ علامت بھی پائی جاتی ہے کہ ہمارے دل کی حرکت سول سروس کپ کی ریس بن گئی تھی۔ اور ہاتھ پیر ذرا کانپ رہے تھے۔ کتے بھونک رہے تھے بلکہ بھونکتے ہوئے عین ہمارے مکان کے سامنے آ گئے تھے کہ ناگاہ:۔

"آہ۔ ہاؤ۔ ہاہاہا۔"

اب کے ہم بھی سجدہ میں گر پڑے اور معلوم نہیں کہ "اوئی" کہہ کر بیگم کا کیا حشر ہوا لیکن تھوڑی ہی دیر کے بعد آواز آئی کہ

"جاگتے رہو۔"

ہم بھی سنبھل کر بیٹھ گئے، اور بیگم بھی۔ لیکن کتے بھی بدستور قیامت برپا کئے ہوئے تھے۔ بیگم نے بھرائی ہوئی آواز میں کہا۔ "یہ کتے کیوں بھونکے جاتے ہیں؟"

ہم خود ہی اس بات کو سمجھنے سے قاصر تھے۔ آخر ہم نے ہمت کر کے چوکیدار کو چپکے سے پکارا اور پوچھا کہ۔ "یہ کتے کیوں بھونک رہے ہیں؟"

اس نالائق نے لاپرواہی سے جواب دیا۔ "ان کا اور کام ہی کیا ہے؟"

ہم نے اس مہمل جواب سے جل کر مگر خوشامدانہ انداز سے کہا۔

"پھر بھی آخر بات کیا ہے؟"

اس پہاڑی گدھے نے پھر وہی مہمل جواب دیا کہ "حضور اگر وہ بھونکیں

نہ تو کتا ان کو کون کہے؟"

ہم جل بھن کر چپ ہو رہے۔ اس لیے کہ زیادہ بات چیت کرنا بھی موقع اور محل کے اعتبار سے مناسب نہ تھا۔ لیکن کتوں کا بھونکنا یقیناً بلاوجہ نہیں ہو سکتا اور پھر عین ہمارے دروازے پر کوئی نہ کوئی بات ضرور تھی۔ بہر حال ہم زیادہ سے زیادہ یہی کر سکتے تھے کہ اپنا کانپتا ہوا ہاتھ چپکے سے اٹھا کر بستر کے نیچے لے جاتے جہاں بندوق رکھی تھی۔ مگر اب ہم کو معلوم ہوا کہ بندوق اس قسم کے موقعوں کے لیے بالکل بیکار چیز ہے۔ اس لیے کہ اس کم بخت کے لیے یہ ضروری بات ہے کہ اس کو چلایا بھی جائے تو چلے اور یہاں سوال یہ پیدا ہوتا ہے کہ آخر یہ چلائی کس طرح جائے گی اور کس کانر سے چلائی جائے گی۔ ہماری نشانہ بازی مسلم، ہماری بندوق بازی کی مہارت تسلیم لیکن ڈاکو کوئی ہرن یا نیل گائے، کوا یا تیتر تو تھے نہیں کہ خاموشی سے گولی کھا کر ڈھیر ہو جاتے۔ یہاں تو برابر کا مقابلہ تھا کہ ایک گولی تم چلاؤ۔ تو دس گولیاں ادھر سے چلائی جائیں گی۔ پھر سب سے بڑی مصیبت یہ تھی کہ بندوق بھی بھری ہوئی نہیں تھی۔ بلکہ بغیر بھری ہوئی چارپائی کے ایک طرف رکھی ہوئی تھی۔ اور کارتوس اس تکیہ کے نیچے تھے۔ اس کے معنی یہ تھے کہ پہلے بندوق بستر کے نیچے سے نکالی جائے۔ تکیہ کے نیچے سے کارتوس نکال کر بھرے جائیں۔ اس کے بعد اگر گھوڑا انگلی سے دب سکے تو بندوق

چھوٹ سکتی ہے۔ ورنہ نہیں۔ استغفراللہ یہ بھی کوئی تفریحی شکار تھا کہ اس قدر اہتمام کے ساتھ بندوق چلائی جاتی مجبوراً ہم نے بندوق پر سے ہاتھ ہٹا لیا۔ اور دراصل یہ ہماری ایمانی کمزوری بھی تھی کہ خدا کو بھول کر بندوق چلائی جاتی مجبوراً ہم نے اپنے ذہن میں سوائے خدا کے اور کسی کو نہ رکھا اور واقعی اس خیال کے آتے ہی اس قدر تقویت پیدا ہوگئی کہ ہم نے آزادی سے منہ کھول کر سانس لینی شروع کردی اور اس وقت پہلی مرتبہ داڑھ میں دبے ہوئے پان کو بھی چبایا بلکہ ایک آدھ ڈگری بیگم کو بھی گردن گھما کر دیکھا کہ کس حال میں ہیں۔ وہ اللہ کی بندی دروازے پر اس طرح نظریں جمائے ہوئے تھیں کہ گویا اب دروازہ کھلا اور اب کوئی آیا۔

خیر یہ تمام صورتیں تو جس طرح ہوسکتا تھا برداشت کی جارہی تھیں مگر اس مصیبت بالائے مصیبت کا کوئی حل ہماری سمجھ میں نہیں آ رہا تھا کہ اس نازک موقع پر پیشاب نے بھی ستایا!۔ دراصل ہماری ہی حماقت کا نتیجہ تھا کہ مغرب کے بعد ہی پیشاب کرکے چارپائی پر آگئے تھے۔ ورنہ ہم نے اگر اول حصہ شب کے سناٹے میں ایک مرتبہ اور اس طرف سے فراغت کرلی ہوتی تو اس وقت اس مصیبت کا سامنا نہ ہوتا۔ چارپائی سے اتر کر غسل تک یا کم از کم نابدان تک جانا اور وہاں بھیانک رات کے سناٹے میں بیٹھ کر تنہا پیشاب کرنا ظاہر ہے کہ ایک ناممکن اور ناقابل عمل سی بات تھی۔

ایک صورت تھی کہ پیشاب کو روکا جائے۔ لیکن یہاں تو یہ حال تھا کہ وہ تمام تدابیر عمل میں لائی جا چکی تھیں جو اس قسم کے مواقع پر پیشاب کو روکنے کے لیے عمل میں لائی جاتی ہیں۔ اتفاقاً عین اسی موقع پر ذہن میں یہ خیال پیدا ہوا کہ اگر ہم نے غسل خانے جانے کا ارادہ بھی کیا تو بیگم خود ہی ہم کو نہ جانے دیں گی۔ اور اگر ہم گئے بھی تو وہ خود ہمارے ساتھ چلیں گی۔ بہر حال دونوں صورتوں میں ہمارا مقصد حل ہوا جاتا ہے۔ لہٰذا ہم نے بیگم سے کہا۔

"سنتی ہو؟"

بیگم نے چپکے سے کہا۔ "کیا ہے؟"

ہم نے کہا۔ "پیشاب۔"

بیگم نے اس اہم مسئلہ کو کوئی معمولی سی بات سمجھ کر کہہ دیا۔

"اونھ، ہوگا بھی۔"

ہم نے کہا۔ "بڑی زور سے معلوم ہو رہا ہے۔ بس اب نکلنے ہی والا ہے۔"

بولیں۔ "تو جاؤ پھر۔"

ہم نے حیرت سے کہا۔ "اور تم ڈرو گی تو نہیں؟"

بیگم نے کہا۔ "اگر اس وقت یہیں کر لو تو کیا حرج ہے؟"

ہم نے اخلاقاً کہا۔ "یہاں؟ یعنی کمرے کے اندر؟ جی نہیں۔ برا معلوم ہوتا ہے۔"

بیگم نے کہا "ہو گا بھی. صبح کمرہ دھل جائے گا."

ہم نے پھر اور کچھ کہنا مناسب نہ سمجھا. اس لیے کہ یہی ممکن تھا کہ بیگم ہمت کر کے ہم کو باہر جانے کی اجازت دے دیتیں اور اس کا بھی امکان تھا کہ ناگہانی طور پر یہ ضرورت ہی باقی نہ رہتی۔ لہٰذا ہم نے نہایت اطمینان کے ساتھ چارپائی پر بیٹھے بیٹھے شاید دن کا مصدر گردانا شروع کیا۔ مگر کیا عرض کیا جائے کہ عین اسی موقع پر۔

"آ.... خاہ.... ہو ہا.... خبردار"

کی فلک شگاف بھیانک آواز نے ہم کو مجبور کر دیا۔ کہ پیشاب کا سلسلہ غیر ارادی طور پر باقی آئندہ کرتے ہوئے جوں کے توں ڈھلک کر لحاف کے اندر گھس رہے اور کچھ دیر کے بعد جب یہ اطمینان ہو گیا کہ یہ پہرہ دار نے اپنا فرض انجام دیا تھا۔ تو ہم نے بھی لیٹے ہی لیٹے ازار بند کس لیا اور پیشاب کی دوسری قسط بھی ادا کرنے کا خیال نہ رہا۔

اس وقت تقریباً رات کے ڈھائی بجے تھے اور ڈاکوؤں کے انتظار کے باوجود نیند کا بھی غلبہ تھا۔ بلکہ بیگم تو شاید بیٹھے بیٹھے اونگھ بھی رہی تھیں مگر ہم سونا نہیں چاہتے تھے۔ اس لیے کہ اگر اس وقت سونے کا ارادہ کیا تو یہ اندیشہ تھا کہ شاید پھر حشر سے پہلے آنکھ نہ کھلے گی، مانا کہ پہرے دار جاگ رہا تھا۔ وہ اسی لیے نوکر رکھا گیا تھا کہ ہم اطمینان سے سو جائیں اور وہ جاگتا رہے۔ لیکن

انسان ہی تو تھا۔ اگر وہ بھی سو جاتا اور ڈاکو اتفاق سے آجاتے تو ظاہر ہے کہ سیدھے ہمارے سینے پر چڑھ جاتے۔ اس وقت کیا ہوتا؟ اس خیال سے ہم جاگتے رہے۔ جمائیاں آتی رہیں۔ انگڑائیاں لیتے رہے لیکن سو جانا خطرناک تھا۔ البتہ چونکہ آنکھ بند کرنے میں ذرا لطف آتا تھا۔ کبھی کبھی ایک سیکنڈ پھر چار چار سیکنڈ۔

پھر... پھر... خر خر خر۔

غالباً ابھی آنکھ لگی تھی کہ ڈاکو موقع پاکر چڑھ بیٹھا اور ہم اچھل کر جاگ گئے۔ ڈاکو ہم پر لدا ہوا تھا اور ہم کلمہ پڑھ پڑھ کر جان دے رہے تھے۔ سانس تک روک لی تھی۔ آنکھیں بھینچ کر بند کر لی تھیں اور زندگی کی آس، آخری کشمکش پر موت کو ترجیح دے رہے تھے کہ یکایک ڈاکو نے کہا۔

"او، او، او، او، او، او۔"

اور ہم نے بھی غیر ارادی طور پر اس کی آواز سے آواز ملا کر کہنا شروع کیا۔ "او، او، او، او۔"

ہم لحاف کے اندر سے اور ڈاکو لحاف کے اوپر سے اسی متواتر اور مسلسل او، او میں مصروف تھے۔ بلکہ دونوں بچے بھی غالباً جاگ جاگ کر اس آواز میں شریک ہو گئے تھے۔ اس لیے کہ نہایت مہین اور باریک آواز میں "کیا ہے؟ کیا ہے؟" کا شور بلند ہوا تھا — آخر کار وہ دروازہ کھول کر کمرہ میں گھس آیا۔ پہلے تو زبانی "کیا ہوا؟ کیا ہوا" کرتا رہا۔ حالانکہ اندھا دیکھ رہا تھا کہ

ڈاکو ہم پر سوار ہے۔ آخر کار ڈاکو کو ہم پر سے ہٹا کر کہا۔

"بیگم صاحبہ چپ تو ہوئیے آخر ہوا کیا؟"

اب ذرا ہماری بھی گھگی بنجم سے مدھم کے سُروں پر آئی اور رفتہ رفتہ خاموش ہوئے۔ لحاف ہٹا کر دیکھا تو بیگم صاحبہ پہرہ دار کے پاس بدحواس کھڑی تھیں اور پہرہ دار دونوں بچوں کو اٹھائے ہوئے تھا۔ پہرے دار نے ہم سے پوچھا۔

"حضور آخر ہوا کیا؟"

ہم نے ہانپتے ہوئے کہا۔

"ڈاکو مجھ پر چڑھ بیٹھا تھا۔"

بیگم نے کہا۔

"نہیں ڈاکو نہیں، میں آپ کے پاس آئی تھی۔ ڈاکو تو باورچی خانہ میں برتن سمیٹ رہا تھا۔"

پہرے دار نے فوراً لالٹین اٹھا کر باورچی خانہ میں جا کر دیکھا تو معلوم ہوا کہ ڈاکو نے سوائے اس کے کوئی جرم نہیں کیا کہ دودھ کی پتیلی گرا کر دودھ پھینک دیا۔ اور پھر اس کو چاٹ بھی گیا۔

پہریدار نے کہا۔

"واہ، واہ، واہ!"

بچے ہنس دیے۔
بیگم نے کہا۔
"توبہ ہے اللہ۔"
میں نے کہا۔
"لاحول ولا قوۃ! اب کے یہ حرام زادی بلی آئی تو گولی مار دوں گا۔"
اس کے بعد مرغ اذان دے رہا تھا۔ اور ہم سب سو رہے تھے۔

اشتہاری شادی

ضرورت شادی

ایک تعلیم یافتہ، جوان العمر، خوبصورت، تندرست، برسرِ روزگار حنفی المذہب مسلمان کو ایک شریف خاندان، تعلیم یافتہ، حسین باسلیقہ دوشیزہ سے عقد کی ضرورت ہے۔ لڑکی کی عمر ۱۶، اور ۲۰ سال کے درمیان ہو، تمام خط و کتابت سینۂ راز میں رہے گی۔ مندرجہ ذیل پتہ پر خط و کتابت کی جائے گی۔

ع۔ معرفت ایڈیٹر صاحب سرپنچ۔ لکھنؤ

یہ تھا وہ اشتہار جس کو دیکھتے ہی میر صاحب ایک دم سے چونک پڑے اور دو تین مرتبہ گھبرا گھبرا کر اشتہار کو شروع سے آخر تک پڑھنے کے بعد باورچی خانہ کی طرف منھ اٹھا کر بولے

"ارے سنتی ہو؟"

لیکن سیدانی کچھ اس انہماک سے دال بگھار رہی تھیں کہ انہوں نے کچھ نہ سنا۔ میر صاحب نے ذرا تیز آواز میں پکارا۔

"کبھی تو سن لیا کرو، چاہے جتنا ضروری کام ہو مگر تم کو اپنے ہانڈی، چولھے سے ہی فرصت نہیں ہوتی۔"

سیدانی نے تمام کام فوراً ——— چھوڑ دیا اور میر صاحب کے پاس آکر بیٹھ گئیں۔ میر صاحب نے ادھر ادھر دیکھ کر نہایت رازدارانہ طریقے پر آہستہ آہستہ کہنا شروع کیا۔

"واقعی خدا بڑا مسبب الاسباب ہے۔ بعض اوقات تو کنواں پیاسے کے پاس آجاتا ہے۔"

سیدانی نے خوش ہو کر پوچھا۔

"کیا ہوا کیا؟ کچھ کہو بھی تو۔"

میر صاحب نے پھر ادھر ادھر دیکھا اور سیدانی سے قریب آنے کا اشارہ کر کے بولے۔

"رتن کہاں ہے؟" سیدانی نے بھی ادھر ادھر دیکھ کر کہا۔ "شاید کوٹھے پر ہے، کیوں؟" میر صاحب بولے۔ "دیکھو خداوند کریم نے گھر بیٹھے اس کی نسبت بھیجی ہے اور میرا دل تو یہی کہہ رہا ہے کہ یہ اشتہار صرف ہماری رتن کے لیے چھاپا گیا ہے۔ ایسا اچھا لڑکا اگر چراغ لے کر ڈھونڈھا

جائے تو نہیں ملے گا۔ آج کل لڑکیاں تو بہت ہیں مگر اچھے اور شریف لڑکوں کا کال ہے۔"

سیدانی نے خوشی سے مخبوط الحواس ہو کر پوچھا۔ "کیسی نسبت ہے؟ کہاں سے آئی ہے؟ کس نے بھیجی ہے؟ کچھ بتا بھی تو چکو۔"

میر صاحب نے چشمہ لگا کر اخبار اٹھایا اور بولے۔

"ایک تعلیم یافتہ، جوان العمر، خوبصورت، تندرست اور بھیسر برسرِ روزگار یعنی نوکر، حنفی المذہب مسلمان لڑکے کے لیے ایک حسین، باسلیقہ شریف خاندان کنواری لڑکی کی ضرورت ہے۔ لڑکی کی عمر سولہ اور بیس کے درمیان ہو۔

بتاؤ، اس سے اچھی نسبت اور کیا ملے گی۔ لڑکا پڑھا لکھا ہے۔ اور سب سے بڑی بات یہ کہ خدا کے فضل و کرم سے نوکر چاکر بھی ہے۔ یہ نہیں کہ تمہاری لڑکی کو لے جا کر ماں باپ کے رحم و کرم پر چھوڑ دے خود اپنے گھر کا مالک و مختار ہو گا۔ ماشاءاللہ تندرست بھی ہے۔ جوان بھی ہے اور ذات وات کا بھی اچھا ہے۔ بولو کیا کہتی ہو؟"

سیدانی نے تھوڑی دیر تک غور کرنے کے بعد کہا۔

"مگر ایک بات ہے۔"

میر صاحب نے بات کاٹ کر جھڑک دیا۔ "اب بات وات

کچھ نہیں ہے۔ مجھ کو اس نسبت میں کوئی عیب نظر نہیں آتا۔"

سیدانی نے پھر زور دے کر کہا۔"سن تو لیا کرو۔میں یہ کہہ رہی ہوں کہ ان کو تو ضرورت ہے۔پڑھی لکھی، خوبصورت اور سولہ برس سے بیس برس کی لڑکی کی اور ہماری رقن اول تو پڑھی لکھی نہیں ہے پھر صورت و شکل میں جو عیب ہے وہ ظاہر ہے اور عمر بھی اس کی بیس سے زیادہ ہی ہے۔ پھر بھلا اس کی نسبت کیسے ہو سکتی ہے؟"

میر صاحب ان تمام باتوں کو پہلے ہی سے سوچ چکے تھے اور جانتے تھے کہ سیدانی یہی کہیں گی۔چنانچہ یہ سنتے ہی ہاتھ پر ہاتھ مار کر بولے۔

"تم تو ہو بے وقوف معلوم ہوتا ہے کہ دھوپ میں بال سفید کئے ہیں۔اری احمق اول تو یہ تمام باتیں ان کو معلوم ہی کیسے ہوں گی۔ اگر شادی سے پہلے معلوم بھی ہو جائیں تو ہمارا کیا جائے گا۔ان کو غرض ہو گی کریں گے نہیں تو اپنے گھر کا راستہ لیں گے اور جو تم یہ کہو کہ شادی کے بعد کیا ہو گا تو اس طرف سے تم اطمینان رکھو کہ شادی کے بعد ہماری رقن کی سادگی اور سیدھا پن ایک طرف اور دوسری طرف ہماری خاندانی شرافت وغیرہ ان تمام عیوب پر غالب آجائے گی۔ اور وہ لڑکا بجائے ناخوش ہونے کے اپنی قسمت پر ناز کرے گا۔مجھ کو شادی کے بعد کی تو کوئی فکر ہی نہیں ہے۔ البتہ شادی کسی طرح جلد سے جلد ہو جائے۔اب جوان لڑکی کو بٹھائے رکھنا میرے

لیے موت سے بدتر ہے۔ آج رات کو بھی نیند نہیں آئی۔ جب تم اٹھی ہو تو میں حقہ بھر رہا تھا۔"

سیدانی نے پھر کہا۔" یہ شادی بیاہ کا معاملہ جلدی کا نہیں ہوتا۔ اچھی طرح غور کر لو۔"

میر صاحب نے پھر بات کاٹ دی۔" بکو مت۔ میں کچی گولیاں کبھی نہیں کھیلتا۔ میں خوب غور کر چکا ہوں اور اب خط لکھے دیتا ہوں۔"

(۲)

الطاف غریب کی قسمت میں یہی لکھا ہوا تھا کہ شادیاں کرتے جائیں اور بجائے گھر بسانے کے قبرستان بساتے جائیں۔ چنانچہ ۶ لم سال کے اندر اندر تین بیویاں تو مرچکی تھیں۔ اور اب چوتھی کو مارنے کے لیے یہ اشتہار دیا گیا تھا۔ اس اشتہار کے شائع ہوتے ہی لڑکی والوں کے خطوط آنے شروع ہو گئے۔ لیکن الطاف نے ان تمام خطوط میں اسی خط کا انتخاب کیا تھا جو میر امجد علی نے سب سے پہلے بھیجا تھا۔

البتہ اب اس کو اپنا دل چور سا محسوس ہو رہا تھا۔ واقعہ یہ تھا کہ ہمارے الطاف صاحب کا جہاں تک تعلیم کا تعلق ہے۔ صرف اردو مڈل پاس تھے۔ لیکن میر امجد علی نے لکھا تھا کہ ان کی لڑکی اردو، فارسی او انگریزی اور عربی تک مہارت رکھتی ہے۔ شکل و صورت کے اعتبار سے

الطاف بے چارے تمام قصبہ میں مشہور تھے اور اشتہار میں تو خیر انہوں نے یہ قید رکھ دی تھی کہ لڑکی خوبصورت ہو مگر اب ڈر رہے تھے کہ میر امجد علی کی خوبصورت لڑکی مجھ کو دیکھ کر ڈر کر بے ہوش نہ ہو جائے۔ یہ میرا آبنوسی رنگ یہ نقش و نگار والا چہرہ بڑے بڑے دانت اور "بکامی نمایند کہامی زنند" والی آنکھیں دیکھ کر ایک حسین دوشیزہ کا کیا حال ہوگا۔ پھر خود ہی سوچتے کہ مرد کا حسین چہرہ کچھ ضروری نہیں ہے۔ اس کا حسن یہی ہے کہ وہ بیوی سے محبت کرے اور اس معاملہ میں وہ اپنے کو ہر طرح قابلِ اطمینان سمجھتا تھا کہ آج نہ سہی کل سہی۔ بہر حال ملازم ضرور ہو جائیں گے۔ اور بیکاری ہمیشہ نہیں رہے گی۔ عمر کو کم کرنے کے لیے مصنوعی دانت اور خضاب بازار میں نہایت آسانی کے ساتھ مل سکتے ہیں۔ خاندان کے متعلق ان کا دعویٰ تھا کہ کسی کو بھی یہ نہیں معلوم کہ وہ مسجولا ہے" ہیں۔

مختصر یہ کہ ہر طرف سے اطمینان کرنے کے بعد انہوں نے خط لکھ دیا کہ مجھ کو ہر طرح یہ نسبت مناسب معلوم ہوتی ہے اور لڑکی میں جو خصوصیات میں چاہتا ہوں۔ وہ سب آپ کی صاحبزادی میں موجود ہیں۔ اب مجھ کو امید ہے کہ آپ اس خاکسار کو اپنی غلامی میں لینے کا شرف عطا فرمائیں گے۔

جس وقت میر امجد علی کے پاس الطاف کا یہ خط پہنچا ہے۔ وہ نہایت بے صبری کے ساتھ خط کا انتظار کر رہے تھے۔ خط پاتے ہی انہوں نے لفافہ

کو عجیب وحشیانہ انداز سے پھاڑ کیا اور خط پڑھ کر یہ معلوم ہوتا تھا کہ خوشی کے مارے ان کا دم نکل جائے گا۔ تمام ہاتھ پیروں میں فرطِ مسرت سے ایک ارتعاش سا پیدا ہو گیا تھا۔ اور خوشی کے مارے آنکھوں میں آنسو آ گئے۔ بڑی دیر تک اپنے آپ کو قابو میں لانے کی کوشش کے بعد میر صاحب خط لیے ہوئے گھر کے اندر گئے اور سیدانی کو بلا کر کہا۔

"لو مبارک ہو۔"

سیدانی بھی خوشی سے اچھل پڑیں۔ اور خوشامدانہ انداز سے بولیں۔

"اللہ ہمیں پورا خط سنا دو۔"

میر صاحب نے پورا خط خوشی کے مارے اٹک اٹک کر پڑھا اور پھر داد طلب انداز میں سیدانی کی طرف چشمہ کے بیچ سے آنکھیں نکال کر دیکھنے لگے۔

سیدانی نے کہا۔ "خدا کرے شادی کے بعد بھی لڑکا خوش رہے جس طرح اب ہے اور اللہ کرے ہماری رقو نصیب ور ثابت ہوں۔"

میر صاحب نے نہایت قرائت کے ساتھ کہا: "انشاء اللہ۔"

اور پھر کہنے لگے۔ "تو اب بتاؤ کہ ان کو کیا لکھوں؟"

سیدانی نے کہا۔ "اب لکھو گے کیا۔ بس اللہ کا نام لے کر لکھ دو کہ جب جی چاہے آؤ۔ اور دو بول پڑھا کر لڑکی کو لے جاؤ۔ ہمارے پاس

سوائے لڑکی کے اور اللہ کے نام کے کچھ نہیں ہے۔"

میر صاحب نے سیدانی کی اس رائے سے اختلاف کیا اور یہ طے کیا کہ تاریخ میں خود مقرر کر کے لکھوں گا۔ ان کو تو صرف ملازمت سے رخصت لینا ہے لیکن مجھ کو بہت کچھ انتظامات کرنا ہیں۔

اس کے بعد سیدانی سے پوچھا "تم بھی تو کچھ بتاؤ کہ کون سی تاریخیں مناسب ہوں گی۔"

سیدانی نے کچھ حساب لگایا پھر کہنے لگیں "رجب کی سولہ سترہ۔"

میر صاحب نے بھی ان تاریخوں پر غور کیا، اپنی ڈائری نکال کر انگریزی تاریخیں دیکھیں۔ اور پھر سر ہلا کر بولے "اوں ہونہہ، میرے خیال میں بائیس تاریخ زیادہ مناسب رہے گی جمعہ کا دن بھی ہے۔ اور سرکاری دفتروں میں جمعہ اور ہفتہ کی تعطیل بھی ہے۔ میاں الطاف کو بھی آسانی ہو گی۔"

سیدانی کو بھی بھلا کیا اختلاف ہو سکتا تھا۔ لہٰذا میر صاحب نے تاریخ سے اطلاع دے دی۔

(۳)

اناؤ کے اسٹیشن پر جس وقت گاڑی رکی ہے۔ میر امجد علی صاحب نے آنکھیں پھاڑ پھاڑ کر ہر طرف دیکھنا شروع کیا کہ کہیں پھولوں میں لپٹا

ہوا نوشہ نظر آئے، کہیں زرق برق لباس میں ملبوس براتی دکھائی دیں مگر ان کی نگاہیں ناکام رہیں۔ اور ان کو اختلاج سا ہونے لگا۔ مجبوراً پہلے اسٹیشن کے ایک سرے سے دوسرے سرے تک ڈیسل کرنے لگے اور جب اس طرح بھی کوئی کامیابی نہ ہوئی تو پھاٹک پر آکر کھڑے ہوگئے اور ایک ایک مسافر کو دیکھنے لگے کہ ان میں سے دولہا اور اس کے ساتھی کون کون سے ہو سکتے ہیں۔ یہاں تک کہ ٹرین چھوٹ گئی۔ اور اسٹیشن کے مسافر ایک ایک کر کے پلیٹ فارم سے باہر چلے گئے۔ اب میر امجد علی بالکل مایوس ہو چکے تھے۔ اور یہ طے کر لیا تھا کہ الطاف کی گاڑی یقیناً چھوٹ گئی ہے کہ اسی وقت ایک عجیب الخلقت "مخضب بزرگ" نے ان کے قریب آکر پوچھا۔

"جناب کا اسم گرامی؟"

میر صاحب نے ان کو سر سے پیر تک دیکھ کر کہا۔ "مجھ کو امجد علی کہتے ہیں۔ آپ کہاں سے آئے ہیں؟"

اجنبی نے جواب میر صاحب کو پہچان چکا تھا۔ نہایت ادب سے کہا۔ "میں مڈارہ سے حاضر ہوا ہوں۔"

میر صاحب نے "اخاہ" کہہ کر مصافحہ کے لیے ہاتھ بڑھایا اور حیرت سے پوچھنے لگے۔ "نوشہ کہاں ہیں؟"

اجنبی نے کہا۔ "میں ہی الطاف حسین..."

میر صاحب نے بات کاٹ کر کہا۔ "آپ ہی الطاف میاں کے والد بزرگوار ہیں۔"

اجنبی نے جھینپ کر کہا۔ "جی نہیں میں ہی الطاف حسین ہوں۔"

یہ سنتے ہی میر صاحب پر معلوم ہوا کہ بجلی گری ہے یا فالج کا حملہ ہوا ہے۔ اس وقت ان کی صورت بہت کچھ سوالیہ نشان سے ملتی جلتی تھی اور وہ "؟" بنے کھڑے تھے۔ ادھر الطاف کا یہ حال تھا کہ معلوم ہوتا تھا کہ سینکڑوں جوتے پڑ گئے ہیں۔ اس کیفیت کو تھوڑی دیر بھی نہیں بلکہ دس پندرہ منٹ گزر گئے اور دونوں پتھر کی مورت بنے کھڑے رہے۔ خدا معلوم یکایک میر صاحب کے ذہن میں کیا آیا کہ وہ چونک کر کہنے لگے۔

"تو تشریف لائیے نا۔"

اور اس کے بعد دونوں نہایت سکون اور اطمینان کے ساتھ بالکل خاموش گھر کی طرف روانہ ہو گئے۔ گھر پہنچ کر نوشہ کو تو مردانے مکان میں پہنچا دیا گیا اور میر صاحب منہ لٹکائے ہوئے زنانے مکان میں سیدانی کے پاس پہنچے۔ سیدانی بہت دیر سے بارات کا انتظار کر رہی تھیں۔ میر صاحب کو دیکھتے ہی بولیں۔

"آگئی بارات؟"

میر صاحب نے مری ہوئی آواز سے کچھ کہا اور اس کے بعد سیدانی کو قریب بلا کر کہنے لگے۔ "تمام باتیں تقدیر سے ہوتی ہیں سمجھا تھا کیا، ہو گیا کیا مجھ کو لڑکا سخت ناپسند ہے اول تو عمر میں بالکل میرے برابر معلوم ہوتا ہے۔ دوسرے صورت ایسی ہے کہ میرے وہم و گمان میں بھی نہ تھی۔ اگر چاہوں تو اس جھوٹے اشتہار پر مقدمہ چلا دوں مگر اب ہماری بے عزتی ہے۔ یہ وقت کچھ کہنے سننے کا نہیں ہے بس اب نہایت خاموشی کے ساتھ نکاح کر دینا ہی مناسب ہے۔ ورنہ تمام عزت و آبرو پر پانی پھر جائے گا۔ ہم تو بس یہی سمجھتے ہیں کہ رقن کی قسمت پھوٹ گئی۔"

سیدانی نے رونا شروع کر دیا۔ مگر میر صاحب نے ان کو ڈانٹ ڈپٹ کر چپ کر دیا۔ اور نکاح کے انتظامات میں اس طرح مصروف ہو گئے کہ گویا جنازہ کی تیاریاں کر رہے ہیں۔

نکاح کے بعد سب سے زیادہ دلچسپ منظر وہ تھا، جب آرسی مصحف کی رسم میں دولہا نے آئینہ میں دلہن کا منہ دیکھا۔ معلوم یہ ہوتا تھا کہ آئینے میں اپنا ہی چہرہ دیکھ رہے ہیں۔ بس داڑھی مونچھ کی کمی ہے۔ الطاف نے بار بار آئینہ میں گھور کر دیکھا اور ہر مرتبہ ان کو اپنی ہی ڈاڑھی مونچھ کی صاف تصویر نظر آئی۔ ارادہ کیا بھاگ گئے اٹھ کر، مگر پھر سوچا کہ یہ خدا نے اس فریب کا جواب دیا ہے جو جھوٹا اشتہار دینے میں خود ان کی طرف اس لڑکی والوں کو دیا گیا تھا۔

شادی کے بعد دلہن کی دوسری خصوصیات بھی ظاہر ہو گئیں اور معلوم ہوا کہ بس "اللہ نے ملائی جوڑی ایک اندھا ایک کوڑھی"۔

الطاف اپنی بیوی سے متنفر تھے اور بیوی الطاف سے۔ البتہ اشتہار کا مضمون اب بھی اخبار کے صفحات پر تھا۔

ایک سنجیدہ بات

(اپریل فول نمبر رسالہ نیرنگ خیال لاہور کے لیے لکھا گیا تھا)

داقعی میں ایک سنجیدہ بات عرض کرنا چاہتا ہوں۔ اس کا تعلق نہ مزاحِ لطیف سے ہے نہ ظرافت کثیف سے بلکہ یہ بات نہایت سنجیدہ نہایت ٹھوس اور نہایت کار آمد ہے۔ یہ اور بات ہے کہ آپ اس سنجیدہ بات کو بھی اس لیے مزاحیہ رنگ دے دیں کہ اس کا عرض کرنے والا یہ خاکسار ہے۔ لیکن اس سلسلے میں یہ عرض کرنا چاہتا ہوں کہ اگر ——— مضامین لکھنے والے سے یہ حق ہمیشہ کے لیے چھین لیا جاتا ہے کہ وہ کبھی کوئی سنجیدہ اور غیر مزاحیہ بات ہی نہ کہے تو اس سے قبل کہ میں کوئی سنجیدہ بات کہوں۔ اپنی مزاحیہ نگاری سے باحسرت ویاس مستعفی ہوتا ہوں، اس لیے

کہ میں مزاحیہ نگاری کو عزیز رکھنے کے باوجود اس کے لیے ہرگز تیار نہیں ہوں کہ میرا شمار ہمیشہ ہمیشہ کے لیے مسخروں میں ہو جائے اور میں سوائے میرحیپت ہونے کے دنیا کے اور کسی کام کا نہ رہوں۔

میں نے آج سے قبل بارہا یہ چاہا کہ جو سنجیدہ بات میں عرض کرنے والا ہوں۔ وہ عرض کر دوں لیکن ہر مرتبہ یہی سوچ کر چپ ہو رہا کہ میری یہ سنجیدہ بات بھی قہقہوں میں اڑا دی جائے گی۔ تبسموں میں گم کر دی جائے گی اور اس کا شمار بھی ان ہی باتوں میں ہوگا جن کا نتیجہ سوائے مہمل تبسم بے معنی خندہ اور لغو قہقہہ کے اور کچھ نہیں ہوتا اور میں چونکہ اپنی زیر بحث سنجیدہ بات کو اس قدر مضحکہ خیز بنانا نہیں چاہتا تھا۔ لہٰذا چپ ہو رہا لیکن آج جب کہ مجھ کو اندیشہ ہے کہ اگر میں نے یہ سنجیدہ بات عرض نہ کر دی تو اس کی سنجیدگی مہملیت سے تبدیل ہو جائے گی۔ یہ بات عرض کیے دیتا ہوں۔ اور پھر میں یہ باور کرانا چاہتا ہوں کہ اس کا تعلق مزاج سے ہے نہ مسخرے پن سے بلکہ یہ ایک ٹھوس کارآمد اور سنجیدہ بات ہے۔

ہاں خوب یاد آیا کہ یہی سنجیدہ بات آج سے نہیں بلکہ برسوں سے مدتوں سے اور ایک زمانہ سے میرے ذہن میں محفوظ ہے۔ جب میں گھر پر مولوی صاحب سے بغدادی قاعدہ میں الفؔ دو زبر اَن بے دو زبر بَن، تے دو زبر تَن پڑھتا تھا۔ اس وقت سب سے پہلے یہ سنجیدہ بات

میرے ذہن میں آئی تھی لیکن میں نے اس کو کسی سے نہیں کہا اس لیے کہ میری اس سنجیدہ بات کو میرا بچپن سمجھا جاتا۔ لوگ ہنس کر اڑا دیتے یا زیادہ سے زیادہ مولوی صاحب اس کی داد ایک آدھ جھانپڑ یا ایک آدھ لپوٹے کی صورت میں دیتے کہ "ابے تجھ کو ان باتوں سے کیا مطلب۔ تو اپنا سبق یاد کر۔ الف دو زبر ان ۔ بے دو زبر بن ،تے دو زبر تن ، تو جناب مجھ کو کوئی کتے نے تو کاٹا نہیں کہ میں اپنی سنجیدہ بات بھی ضائع کرتا اور بطور کمیشن کھاتا اس لیے میں چپ ہوں تا آنکہ میں کلام مجید ختم کرنے کے بعد مولوی محمد اسمٰعیل میرٹھی کی اردو کتابیں اور ریڈنگ پڑھنے کے لیے ماسٹر صاحب کے پاس بٹھایا گیا۔ میں چاہتا تو اب نہایت آسانی سے اپنی یہ سنجیدہ بات عرض کر سکتا تھا۔ مگر واللہ یہ میری انتہائی نا عاقبت اندیشی ہوتی۔ اس لیے کہ آپ ہی غور کیجئے کہ اگر میں ان ماسٹر صاحب سے یہ سنجیدہ بات کہتا تو وہ بھی سوائے اس کے اور کیا جواب دے سکتے تھے کہ "سی اے ٹی کیٹ بمعنی بلی، آر۔ اے ۔ ٹی ۔ ریٹ ۔ ریٹ بمعنی چوہا۔" اور مجھ کو بھی اپنی سنجیدہ بات چھوڑ کر مجبوراً یہی مہمل فقرے دہرانا پڑتے۔ ورنہ آپ جانتے ہیں کہ ماسٹر صاحب کا لچک دار بید میرے جسم پر کیا کیا نقش و نگار بنا دیتا۔ لہٰذا اس وقت بھی میں چپ ہو رہا اور اپنی اس قیمتی سنجیدہ بات کو نہایت احتیاط کے ساتھ اپنے دماغ میں محفوظ رکھا۔

جب میں اسکول میں داخل ہوا تو میری عمر ایسی تھی کہ میں اپنے بُرے بھلے کی تمیز کر سکوں۔ دوسرے میرا داخلہ بھی اونچے درجے میں ہوا تھا یعنی اب اگر میں وہ سنجیدہ بات کہہ دیتا تو ظاہر ہے کہ وہ بیکار نہ جاتی لیکن چونکہ آپ کو میری سنجیدہ بات کا اندازہ نہیں ہے اور آپ اس کے وزن کو محسوس نہیں کر سکتے لہٰذا آپ سطحی واقعات کو دیکھ کر یہ کہہ دیں گے کہ واقعی اس زمانہ میں یہ سنجیدہ بات بیکار نہ جاتی۔ مگر واقعہ یہ ہے کہ اب بھی اس بات کے بیکار ہو جانے کا اندیشہ بحالہ موجود تھا۔

فرض کر لیجئے کہ میں یہ بات کہہ دیتا تو اس کا نتیجہ صرف یہ ہوتا کہ میرے کلاس ٹیچر صاحب اس کو بھی یا تو میری حماقت سمجھتے اور دانت پیس کر رہ جاتے ورنہ میری شرارت سمجھ کر مجھ کو بنچ پر کھڑا کر دیتے اور میں ایک کلمہ حق کہہ کر منصور کی طرح سزاوار ہو جاتا۔ گویا بات بھی ضائع ہوئی اور سزا بھی ملی۔ خیر سزا ملنے کا تو افسوس ہوتا لیکن میری وہ جان سے زیادہ عزیز بات ضائع ہو جاتی تو میں کیا کرتا۔ لہٰذا میں اسکول میں بھی مہر بلب رہا اور اسکول کے تمام ماسٹروں سے لیکر ہیڈ ماسٹر صاحب قبلہ تک کو میں نے اس کا اہل نہیں سمجھا کہ اپنی قیمتی سنجیدہ بات ان سے کہہ دوں۔ واللہ اس سے تو اچھا یہ تھا کہ کسی بیل سے کہہ دیتا، کسی بکری سے کہہ دیتا، کسی بھینس کے آگے بین بجا کر یہ بات سنا دیتا۔ بیل سن کر سینگ مارنے دوڑتا، بکری سنتی اور جگالی کرتی رہتی۔

بھینس پاگر نر تی رہتی مگر ہمارے یہ محترم اساتذہ تو اس قابل بھی نہ تھے۔ بتائیے کہ ہم ان سے ایسی بات کہہ کر کیا کرتے؟

جب ہم اسکول سے انٹرنس پاس ہو کر نکلے اور کالج میں داخل کیے گئے۔ اس وقت ہم کو اس قابل تسلیم کر لیا گیا تھا کہ ہم خاندانی مسائل پر غور کریں اور اپنی قیمتی رائے سے نوازیں۔ یہ گویا ہمارے انسان ہونے کی پہلی سند تھی اور اب ہمیں معلوم ہوا کہ گویا اب سے پہلے ہمارا شمار بھی حشرات الارض سے تھا۔ بہر حال اب تو کوئی وجہ ہی نہ تھی کہ ہم اپنی وہ سنجیدہ بات نہ کہہ دیں جس کو اب تک نہایت ناز و نعم سے ذہن میں پرورش کر کے اتنا بڑا کیا تھا۔ مگر آپ باور کیجیے کہ اگر ہم اپنی بجر بہ کاری کے فریب میں مبتلا ہو کر یہ ناتجربہ کارانہ حرکت کر بیٹھتے تو ہماری یہ سنجیدہ بات بھی آج دنیا کی ان باتوں میں ہوتی جن کے متعلق آج تک فیصلہ نہ ہو سکا کہ آخر یہ باتیں کیوں کہی گئی تھیں۔ اس زمانہ میں ہماری اس عظیم الشان بات کی صرف یہی وقعت ہو سکتی تھی کہ اہل خاندان یہ کہہ کر ناک بھوں چڑھا لیتے کہ "صاحبزادے ہیں، ابھی دنیا کے نشیب و فراز کو کیا سمجھیں۔ پڑھنے لکھنے سے عقل نہیں آیا کرتی۔ یہ سب باتیں تو عمر سے تعلق رکھتی ہیں۔" اور کالج کے پروفیسر صاحبان یہ کہہ کر "منشت" کر دیتے کہ ٹانگ برابر کا چھوکرا جو ہمارا شاگرد بھی ہے اور نالائق بھی، ہم کو سبق پڑھانے چلا ہے۔ حالانکہ اس کو چاہیئے کہ ابھی خود زندگی بھر ہم سے پڑھے اور اس کے بعد

بھی ہمارے مقابلہ میں جاہل اور کورا ہے۔ لیجیے جناب دونوں طرف سے بے وقوفی کی سند اور حماقت کا ڈپلومہ مل گیا۔ اور ہماری بات جو ضائع ہوئی اس کا کوئی ذکر ہی نہیں۔ انصاف سے بتلایئے کہ کالج کی زندگی میں بھی اس قسم کی سنجیدہ بات جس قسم کی ہم عرض کرنے والے ہیں کہدینا حماقت نہیں تو اور کیا ہوتی۔

ہم خدا کے فضل و کرم سے گریجویٹ بھی ہوئے اور ایل ایل بی بھی۔ ہم نے نہ صرف پڑھنا لکھنا چھوڑا بلکہ باقاعدہ عملی اور ذاتی زندگی میں داخل ہو کر پریکٹس شروع کر دی۔ خود کماتے تھے اور اپنی گاڑھی کمائی کی روٹی کھاتے تھے۔ پیشہ ایسا کہ کسی کے باپ کے نوکر نہیں اور آمدنی ایسی کہ خدانخواستہ کسی کے قرضدار یا محتاج نہیں۔ ہماری قانونی قابلیت کی دھوم مچی ہوئی تھی اور ہماری سمجھ کا ایک دنیا اعتراف کرتی تھی۔ ہم پیشہ جماعت عزت و احترام کرتی تھی۔ تمام عدالتیں لوہا مان چکی تھیں۔ پبلک میں ہر دلعزیز تھے۔ اب بظاہر اس سنجیدہ بات کے عرض کرنے میں بھی کوئی امر مانع نہ تھا؛ اور مؤکل صاحبان گراں قدر فیس ادا کرنے میں بھی پس و پیش نہ کرتے تھے۔ مگر نہیں جناب تھا اور ضرور تھا۔ ابھی میں عرض کروں گا اور سمجھاؤں گا تو آپ کہیں گے کہ بے شک تھا اور میں نے بڑی عقل مندی سے کام لیا کہ اپنی سنجیدہ بات نہ کہی۔

قصہ دراصل یہ تھا کہ اگر میں اپنی سنجیدہ بات کسی بحث کے دوران

میں عدالت سے کہتا تو عدالت فوراً خاموش کر دیتی۔ ورنہ فریق ثانی کا وکیل عدالت کی توجہ میری طرف مبذول کراتا کہ حضور اس بات کا تعلق چونکہ واقعات مقدمہ سے نہیں ہے۔ لہٰذا اس کو نہ لکھا جائے اور عدالت بھی اس کی رائے سے متفق ہو کر میری اس قیمتی سنجیدہ بات کو خارج از بحث قرار دیدیتی۔ ایسی صورت میں یہ ظاہر ہے کہ میری یہ مایہ صد ناز سنجیدہ بات کہیں کی بھی نہ رہتی۔ مؤکل سے کہنا اس لیے فضول تھا کہ وہ ان حقائق و معارف کو کیا سمجھے۔ اس لیے کہ موکل تو نام ہے اس الّو کا جو انسانی صورت میں پیدا ہو جائے۔ اگر اس کو ایسی ہی سنجیدہ باتیں سمجھنے کی خدا نے قابلیت دی ہوتی تو دنیا کو وکیلوں کی ضرورت ہی نہ رہتی۔ اگر ہم یہ سنجیدہ بات اپنے ہم پیشہ حضرات سے عرض کرتے تو وہ فوراً ہی مطالبہ کرتے کہ دکھاؤ تعزیرات ہند کی کس دفعہ میں اس کا ذکر کیا گیا ہے اور چونکہ تعزیرات ہند میں واقعی یہ سنجیدہ بات نہیں ہے۔ لہٰذا ان لوگوں سے بھی کہہ کر بات کا کھونا تھا۔ اس کے علاوہ اگر ہم کسی غیر متعلق شخص سے یہ بات کہہ دیتے تو اس کا لازمی نتیجہ یہ ہوتا کہ پبلک اس کی گہرائی تک پہنچنے سے قبل معلوم نہیں کس کس غلط فہمی میں مبتلا ہو جاتی اور بات ضائع ہونے کے علاوہ یہ اندیشہ تھا کہ ہماری اس ہر دلعزیزی کو بھی صدمہ پہنچے گا۔ جو خدا جانے کن کن طریقوں سے ہم نے حاصل کی ہے۔ غالباً اب آپ بھی ہمارے ہم خیال ہو گئے ہوں گے کہ ہم نے یہ سنجیدہ بات نہ کہہ کر دور اندیشی

سے کام لیا۔

اسی دوران میں ہم میونسپل کمشنر بھی ہو گئے اور اس کو ہماری ہر دلعزیزی کا زندہ معجزہ سمجھئے کہ بلا مقابلہ ہمارا انتخاب عمل میں آیا۔ حالانکہ کانگریسی جماعت کی طرف سے ایک مزدور ہمارے مقابلہ میں کھڑا ہو رہا تھا۔ مگر جب ہم نے اس سے آنکھیں چار کیں اور کہا کہ

"بھائی بدھو! تم ہمارا مقابلہ کرو گے؟" تو وہ شرافت مجسم مزدور اپنے کان پکڑ کر بیٹھ گیا اور ہم گویا "بلا خوف تردید" "سٹی فادر" منتخب ہو گئے۔ اس انتخاب میں زیادہ تر وہی لوگ منتخب ہوئے تھے جو آج کل مہاتما گاندھی کی آنکھوں کا تارا بنے ہوئے ہیں اور جن کی وجہ سے مالویہ جی کا "یوجیہ یا دپن" خطرہ میں پڑا ہوا ہے۔ گویا بورڈ میں زیادہ تر وہی لوگ تھے جن کو نہایت آسانی سے بے تکی سے بے تکی بات سمجھائی جا سکتی تھی۔ چہ جائیکہ وہ ہماری سنجیدہ بات جس کو ہم اپنا شاہکار سمجھتے ہیں بلکہ اگر ہم چاہتے تو کم سے کم تین سال تک کے لیے تو اپنی اس سنجیدہ بات کو بطور رزولیوشن منظور ہی کرا لیتے۔ اس کے بعد دیکھا جاتا مگر اس نادر موقع پر بھی ہم چپ رہے۔

آپ کہیں گے کہ انتہائی حماقت کی مگر ہم آپ ہی سے یہ کہلوا لیں گے۔ کہ ہم نے انتہائی عقلمندی سے کام لیا کہ وہ سنجیدہ بات نہ کہی، فرض کر لیجیے کہ ہم وہ بات کہتے اور اس پر بورڈ میں بحث ہوتی تو سب سے پہلے

تو یہ اندیشہ تھا کہ شاید وہ جاہلوں سے بھرا ہوا بورڈ اس کو نہ سمجھ سکتا اور بفرض محال اس کو ممبران میونسپل بورڈ سمجھتے تو سوائے اس کے اور کیا ہوتا کہ اس کو بطور رزولیوشن کے منظور کر لیا جاتا لیکن تین سال کے بعد جب میونسپلٹی دوسری مرتبہ حاملہ ہو کر ممبروں کی ولادت فرماتی اور ہم لوگ سابق "میونسپل کمشنر" ہو کر اپنے گھروں میں آکر بیٹھتے تو یہ کیا ممکن نہ تھا کہ ہماری دہی سنجیدہ بات کو محض تین سال کے لیے کہہ کر ہمیشہ کے لیے برباد کر دیتے، ہرگز نہیں، ہم تو اپنی اس بات کو اب تک اس لیے دماغ میں محفوظ کیے ہوئے ہیں کہ اگر وہ دماغ سے نکلے تو ہمیشہ محفوظ رہے۔ تین سال کی عارضی بہار کے عوض ہمیشہ کی خزاں قبول کرنا کون سی عقلمندی ہے؟

اس کو خدا کی شان سمجھئے کہ ہم لوگوں نے صوبجاتی مجلس قانون ساز کی ممبری کے لیے کھڑا کر دیا۔ اور حالانکہ مقابلہ نہایت سخت تھا یعنی اس طرف تو ہماری جان ناتواں تھی اور ادھر دو تین مسٹنڈے راجہ صاحبان اور ایک کندہ ناتراش ملک التجار صاحب بھی اسی نشست کے لیے ہاتھ پاؤں مار رہے تھے۔ گویا ایک بوٹی پر تین چار چیلیں منڈلا رہی تھیں بلکہ ایک آدھ گدھ بھی، خوب خوب اشتہار بازی ہوئی۔ خوب خوب مضمون بازیاں پمفلٹ بازیاں اور لکچر بازیاں ہوئیں مگر آخر کار یہی ہوا کہ ؏

قرعۂ فال بنام من دیوانہ زدند

ہو گئے صاحب ہم ایم ، ایل ،سی بھی ہو گئے اور ہمارا شمار بھی اپنے صوبہ کی قسمت بنانے یا بگاڑنے والوں میں ہو گیا اور صرف یہی نہیں بلکہ ایم ایل سی ہو کر تو گویا ہم کو عارضی طور پر سقہ شاہی مل گئی کہ بڑے بڑے انگریز ہمارے مائی ڈیئر ہو گئے اور لاٹ صاحب تک ہم سے مسکرا کر ہاتھ ملانے پر مجبور ہو گئے ۔ صوبہ بھر کی تمام سرکاری اور غیر سرکاری تقریبوں میں شرکت کے لیے مجبور ہونا پڑا، آج ان راجہ صاحب نے ایٹ ہوم دیا ہے تو کل ان خان بہادر صاحب نے گارڈن پارٹی، آج گورنمنٹ ہاؤس میں ڈنر ہے تو کل کسی آنریبل منسٹر کی طرف سے لنچ ۔

مختصر یہ کہ دن عید اور رات شب رات ہو گئی ۔ پانچوں انگلیاں گھی میں اور سر غیر محسوس طور پر کڑھائی میں ۔ اخبارات میں ہماری دھوم تھی تو بچہ بچہ کی زبان پر ہمارا نام تھا۔ آج لکھنؤ میں ہماری کار فراٹے بھر رہی ہے تو کل نینی تال کے تال میں ہماری کشتی رواں ہے اور کونسل چیمبر میں تو ہماری شان کچھ پوچھیے ہی نہیں گویا اب ہمارے جسم پر وہ سر تھا جس میں متفقہ اور مسلمہ طور پر بہترین قسم کا بھیجا رکھا گیا ہو ۔ ہمارے عالی دماغ ہونے میں کسی کو کیا شبہ ہو سکتا تھا۔ اگر دن کو رات اور رات کو دن کہتے تو بھی کسی عام خاص انسان کی کیا مجال تھی کہ تردید کرتا ۔ مگر کیا آپ ان باتوں اور اس ٹیم ٹام سے اس نتیجہ پر پہنچے ہیں کہ ہم کو اب یقینی طور پر وہ بات کہہ دینی چاہئے تھی اور اگر ہم نے

اب بھی وہ بات نہ کہی تو ہمالیہ کے برابر غلطی ضرور کی ،میں خطا وار ہوں اور ہمالیہ کے برابر غلطی کی، ضرور کی۔ میں خطا وار ہوں اور ہمالیہ کے برابر عظیم الشان قصور کا قصور وار ہوں ۔مگر پہلے سن تو لیجئے کہ میں نے اس سنہری موقع سے فائدہ کیوں نہیں اٹھایا۔آپ کو اپنی سادہ لوحی سے شاید اس بات کا یقین ہے کہ ان صوبجاتی اور مرکزی مجالس قانون ساز میں نہایت سنجیدہ باتیں ہوں گی اگر واقعی آپ کو اس کا یقین ہے تو آپ بیوقوفی کی حد تک نیک واقع ہوئی ہیں ۔میں چونکہ کونسل کا ممبر رہ چکا ہوں ۔ لہٰذا گھر کے بھیدی کی طرح آج یہ لنکا ڈھاتا ہوں کہ ان مجالس قانون ساز میں سوائے اس کے اور کچھ نہیں ہوتا کہ بجائے سیدھے طریقہ پر ناک پکڑنے کے مختلف طریقوں پر ناک پکڑنے کی کوششیں کی جائیں ۔ایک آنریبل ممبر گردن کی طرف سے ہاتھ گھما کر ناک پکڑتے ہیں تو دوسرے ممبر بغل میں سے ہاتھ ڈال کر ناک پکڑنے کا کرتب دکھاتے ہیں ۔ ایک ایم ایل سی صاحب ٹانگوں کے بیچ سے ہاتھ نکال کر اور ہاتھ کو بغل میں ڈال کر ناک پکڑنے کی فرمائش کرتے ہیں ۔

مختصر یہ کہ اسی قسم کے کرتب ہوا کرتے ہیں ۔ وہاں اگر میں خدانخواستہ اپنی یہ سنجیدہ بات پیش کر دیتا تو آپ کو معلوم ہے کیا حشر ہوتا؟ اے جناب ، پہلے تو تحریک التوا پیش ہو جاتی پھر میری اس سنجیدہ بات پر نہایت غیر سنجیدہ قسم کی بحثیں ہوتیں اور آخر میں گھوم پھر کر ناک اس طرح ہاتھ میں آتی

کہ میری یہ سنجیدہ بات ایک منتخب کمیٹی کے سپرد کر دی جاتی اور پھر اسی کے رحم و کرم پر رہتی۔ وہ کمیٹی خدا جانے اس سنجیدہ بات کے متعلق کون سی غیر سنجیدہ رپورٹ پیش کرتی اور اس کے بعد معلوم نہیں ایوان کا طرز عمل کس قدر غیر سنجیدہ ہوتا۔ تو جناب اگر مجھ کو اپنی سنجیدہ بات کی اس طرح درگت بنوانا ہوتی۔ تو میں اس کو کونسل میں پیش کرتا اور گویا جان بوجھ کر پھینک دیتا لیکن میں نے یہ اندھا پن نہیں کیا اور اس آزمائشی موقع پر بھی اپنی اس سنجیدہ بات کی حقیقی اہمیت کو سمجھ کر اس کو دل ہی دل میں رکھا۔

میں آج کل نہ تو وکیل ہوں نہ میونسپل کمشنر اور نہ لیجسلیٹو کونسل کا ممبر ہوں بلکہ اس قسم کی پُر شور زندگی سے اپنے کو بچا کر میں نے وہ پُر سکون پیشہ اختیار کر لیا ہے جس کو صحافت کہتے ہیں۔ یعنی میں ایک روزانہ اخبار کا ایڈیٹر ہوں۔ خادم ملک و ملت، ترجمان قوم، پبلک کے مشترکہ ذہن کی واحد زبان یا یوں سمجھئے کہ خدائی فوجدار، بہر حال اب میں اس جگہ ہوں کہ میرے قلم کی باریک نوک کے نیچے دنیا ناچ رہی ہے۔ میں سیاست کا ماہر ہوں۔ ادبیات کا استاد ہوں۔ مذہبیات میں بھی کسی قبلہ و کعبہ سے پیچھے نہیں۔

مختصر یہ کہ میرا قلم اور اس کے ساتھ ساتھ خود میں دنیا کے تمام شعبوں پر خود مختار حکمران کی حیثیت سے چھایا ہوں۔ حکومت میری نکتہ چینیوں سے نہیں بچ سکتی۔ رعایا کو میری رہنمائی درکار ہے۔ لیڈران قوم مجھ سے بے نیاز ہو کر اپنی

لیڈری کا کاروبار نہیں چلا سکتے۔ قابل سے قابل ادیب مجھ سے پر پرواز مانگتے ہیں۔ میں بیک جنبش قلم بڑے سے بڑے عالی دماغ کے دماغ کا بھرا ہوا بھس منظر عام پر لے آتا ہوں اور میرے قلم کے معمولی اشارے سے کو دن سے کو دن انسان کا شمار مدبروں میں ہو جاتا ہے۔

سچ بتایئے کہ میں ایک قسم کی چھوٹی موٹی معاذ اللہ خدائی کر رہا ہوں یا نہیں؟ اور اس وقت میرے لیے یہ کون سی مشکل بات ہے کہ اپنی اس سنجیدہ بات کو کہہ دوں اور اس انداز سے کہہ دوں کہ گویا میرے اخبار کے مشرق سے ایک ایسا آفتاب طلوع ہو جائے جو تمام دنیا کو جگمگا دے اور تمام وہ لوگ جن کو خدا نے آنکھیں دی ہیں۔ اس آفتاب کی روشنی کا اعتراف کریں مگر نہیں میں اس اقتدار اور اس اختیار کے باوجود کم سے کم اپنی اس سنجیدہ بات کے معاملہ میں اپنے کو ناچار اور مجبور پاتا ہوں۔ آپ یقیناً مجھ کو اس وقت خالص گدھا سمجھ رہے ہوں گے۔ اور آپ کو میرے الو ہونے میں قطعی شک نہ ہوگا مگر کیا کیا جائے۔ مجبوری ہے کہ میں آپ کی اس غلط فہمی کو دور کرنے کے لیے اپنے کو سچ مچ کا گدھا بنانے کے لیے تیار نہیں ہوں اور بفرض محال میں نے گدھا بن جانا قبول بھی کر لیا۔ محض آپ کی خاطر سے تو آپ کے پاس اس کا کیا جواب ہے کہ میری وہ سنجیدہ بات بھی تو تاریخی اہمیت کے ساتھ۔ "ڈھینچوں" یا "سیپوں" بن کر رہ جائے گی۔ ایسی حالت میں فرق

اس بات کی ہے کہ آپ مجھ کو بے وقوف پاگل وغیرہ سمجھنے سے پہلے نہایت سنجیدگی کے ساتھ اصل واقعہ کی نزاکت کو سمجھ لیجئے۔ اس کے بعد آپ کو اختیار ہے چاہیے مجھ کو پاگل سمجھئے یا اپنے کو۔ قصہ یہ ہے کہ اگر میں نے اپنی ایڈیٹری سے یہ فائدہ اٹھایا کہ اپنے اخبار میں اپنی وہ حاصل زندگی سنجیدہ بات پیش کر دی تو اس کا نتیجہ مختلف صورتوں میں رونما ہو سکتا ہے۔ مثلاً اخبار قانون مطابع کے تحت مع چھاپہ خانہ، ایڈیٹر، پرنٹر اور پبلشر جیل خانہ بھیج دیا جائے یا اخبار کو بحق ملک معظم ضبط کر لیا جائے اور اس خاکسار کو رام بانس کوٹنے کی خدمات پر معمور کر دیا جائے یا کم سے کم یہی ہو سکتا ہے کہ صاحب ڈپٹی کمشنر بہادر ایک خفیہ مراسلہ بھیج دیں کہ اب کی مرتبہ تو خیر اس قسم کی سنجیدہ بات چھاپ دی گئی مگر اب ہمیشہ کے لیے توبہ کرو۔ ورنہ زرِ ضمانت مع تمہارے ضبط کر لیا جائے گا۔ یا خود اس خاکسار کو اپنے بنگلہ پر بلوا کر تنہا کمرے میں پوچھیں کہ کیوں حضرت یہ کیا؟ تو ان تمام صورتوں میں یہی ہوگا کہ بات بھی سڑ گئی اور خود بھی بس یوں ہی رہ گئے۔ تو جناب ہم کو بخشئے۔ ہم اپنی سنجیدہ بات کو اس طرح مع اپنے کے برباد کرنا نہیں چاہتے۔

لیکن سوال تو یہ ہے کہ وہ سنجیدہ بات کیونکر اور کس طرح کی جائے۔ عمر کا آخری حصہ ہے اگر خدانخواستہ ملک الموت صاحب بغیر اطلاع کے تشریف لے آئے تو یہ بات ہمارے ساتھ ہی قبر میں چلی جائے گی۔ اولاد

اس قابل نہیں کہ اس کو علم سینہ کا اہل سمجھا جائے۔ لہٰذا اب ہم اس نتیجہ پر پہنچے ہیں کہ ایڈیٹر صاحب رسالہ "نیرنگ خیال" کو اپنی یہ تمام عمر کی کمائی سپرد کردیں اور ان کے ذریعے یہ بات ناظرین نیرنگ خیال تک پہنچ جائے۔ اس طرح ہماری بحث کی صورت یہ ہے کہ اگر قانون مطابع کی گرفت ہوگی تو ایڈیٹر صاحب نیرنگ خیال کے لیے نہ کہ ہمارے لیے۔ اس لیے کہ ہم تو انکار ہی کر دیں گے کہ اس سے ہمارا کوئی تعلق ہی نہیں اور اگر یہ بات واقعی موثر ثابت ہوئی تو ہمارا نام ہمیشہ زندہ رہے گا۔ مگر اس سے قبل کہ ہم اپنی اس سنجیدہ بات کو عرض کریں ہم آپ کو یقین دلانا چاہتے ہیں کہ اس کا کوئی تعلق ہماری مزاحیہ نگاری سے نہیں ہے اور ہم آپ سے یہ بھی عہد لیتے ہیں کہ واقعی کہ آپ انتہائی سنجیدگی سے اس سنجیدہ بات پر غور کریں گے۔ آپ نہا دھو کر پاک و صاف ہوکر بخلوص تمام اس سنجیدہ بات کو دیکھیے اور پھر اس سنجیدگی سے غور کیجیے۔ وہ بات، یعنی وہ سنجیدہ بات جس کو اب بھی بیان کرتے ہوئے ڈر رہے ہیں۔ ایک نہایت لطیف نقاب کے ساتھ درج ذیل ہے۔ الفاظ کو الٹ کر وہ نقاب ہٹائیے اور اس بات کے دیدار سے مشرف ہوجائیے۔ وہ بات یہ ہے۔

"لوف لیر ہا"

برادرم عزیز مرحوم

ہم اپنا نام سن کر چونک پڑے۔ والدہ صاحبہ بہو سے فرما رہی تھیں۔

"اے دلہن میں کیا بتاؤں بس یہ سمجھو کہ چاند میں میل ہے۔ اور اس میں میل بھی نہ تھا۔ سُرخ و سفید رنگ، موٹا تازہ سیب کے ایسے گال، پتلے پتلے لب، چوڑی پیشانی، تمہارا میاں تو اس کے سامنے بالکل نِلمٹا سا معلوم ہوتا تھا۔"

لفظ "نِلمٹے" پر ہم مخاطب صحیح بن کر اس طرف متوجہ ہو گئے۔ اور وہاں ایک قہقہہ بلند ہوا۔ ہم نے تعجب سے پوچھا۔

"کس کا ذکر ہے؟"

والدہ نے سنجیدگی سے کہا۔

"احمد کے متعلق کہہ رہی ہوں کہ ایسا خوبصورت بچہ میں نے تو کبھی اپنی آنکھوں سے دیکھا نہیں اور مجھ پر ہی کیا منحصر ہے۔ اس کو تو جو کوئی دیکھتا تھا بس دیکھتا رہ جاتا تھا۔ چھ مہینہ کا بچہ اور معلوم ہوتا تھا کہ سال ڈیڑھ سال کا ہے۔"

میں نے کہا۔ "نہیں، میں غلمٹے کے متعلق پوچھتا ہوں۔"

والدہ صاحبہ نے منہ در منہ نہایت صفائی سے کہا۔

"ہاں بھیا یہ کوئی جھوٹ ہے۔ سچ مچ تم اس کے سامنے بالکل غلمٹے معلوم ہوتے تھے وہ تو بالکل شہزادہ تھا شہزادہ۔"

وہاں پھر قہقہہ بلند ہوا۔ اور ہم اپنا سا منہ لے کر رہ گئے۔ اور تو اور اس وقت ہم کو اپنی بیگم صاحبہ کی نظروں میں حقارت نظر آ رہی تھی جو ہم:-

"ترا دیدی و یوسف را شنیدی۔"

کے مغالطہ میں مبتلا کئے ہوئے تھیں۔ سچ پوچھئے تو ہم اس وقت اور بھی پانی پانی ہوئے جا رہے تھے۔ اس لیے کہ صرف والدہ صاحبہ کہتیں اور بیگم صاحبہ سنتیں تو چنداں مضائقہ نہ تھا۔ مگر وہاں تو کچھ ہمارے سسرال اعزہ بھی تھے۔ اور کچھ بیگم صاحبہ کی سہیلیاں، ایک طرف مہترانی بھی بیٹھی ہوئی تھی۔ اور والدہ صاحبہ کی ملازمات کے علاوہ خود ہماری ملازمہ بھی موجود۔ بتائیے کہ ان سب نے ہمارے متعلق کیا رائے قائم کی ہوگی؟

قصہ اصل میں یہ ہے کہ ہم صورت اور شکل میں اگر بُرے نہیں تو اچھے بھی نہیں ہیں، ہاں اگر صورت کی اچھائی اسی کا نام ہے تو انسان کا نانہ ہو نکٹا نہ ہو۔ اس کا منہ لقوہ زدہ نہ ہو۔ اس کے چہرے پر گومڑے نہ ہوں اس کی ناک کے نیچے ایک منہ اور دو کان لگے ہوں تو اس اعتبار سے ہمارا شمار بھی حسینوں میں شمار ہو سکتا ہے۔ ورنہ ایمان کی بات تو یہ ہے کہ نہ تو ہمارا رنگ سُرخ و سفید ہے، نہ سیب ایسے گال ہیں۔ نہ فسوں ساز آنکھیں ہیں، نہ قاتل ابرو اور نہ کوئی ایسی خصوصیت جو ہم کو قتال جہاں بنا سکے لیکن باوجود اس کے یہ کچھ قدرتی بات ہے کہ کوئی ہم کو دیکھ کر منہ بنائے یا ہم کو بدصورت کہہ کر مشہور کر دیا جائے۔ یا کسی سے بلاوجہ تقابل کر کے ہم کو ذلیل کیا جائے تو بُرا ضرور معلوم ہو گا۔

خصوصیت کے ساتھ ایسی حالت میں جب کہ ہم کو حسین سمجھنے والی بھی چند ہستیاں موجود ہوں، بہر حال یہ واقعہ ہے کہ اس وقت ہم خفیف بھی ہو رہے تھے۔ اور "چور کی داڑھی میں تنکا۔" کی مثال ہم پر صادق آ رہی تھی۔ ہم نے اپنی خفت کو چھپانے کی کوشش کرتے ہوئے کہا۔

"بات صرف یہ ہے کہ دنیا مردہ پرست ہے۔ اگر آج ہم زندہ نہ ہوتے اور بجائے احمد کے بچپن میں ہی فوت ہو گئے ہوتے تو آج اسی قسم کا قصیدہ ہماری شان میں پڑھا جاتا۔"

والدہ صاحبہ نے فوراً تڑ کی بہ ترکی فرمایا۔

"خدا نہ کرے کہ تم اس کی جگہ پر یہ نہیں وہ ہو گئے ہوتے مگر ہاں بھیا یہ تو میں ضرور کہوں گی کہ میرے اور بچے بھی تو مرے ہیں مگر میں سوائے احمد کے کسی کی خوبصورتی کا ذکر نہیں کرتی وہ تو بالکل چاند کا ٹکڑا معلوم ہوتا تھا اور تم واقعی اس کے بھائی نہیں معلوم ہوتے تھے۔

ممانی صاحبہ نے ابکائی لینے کے انداز میں کہا۔" تم تو بھیا خدا کی پناہ، بچپن میں کچھ ایسے گھناؤنے تھے کہ بس توبہ ہے۔"

وہاں پھر ایک قہقہہ پڑا اور ہم پھر سے پسینہ میں ڈوب گئے ہم نے فریادی کی حیثیت سے بیگم کی طرف کی جو دیکھا۔ تو ان کی نظروں سے یہی معلوم ہو رہا تھا کہ گویا آنکھوں ہی آنکھوں میں کہہ رہی ہیں۔

"ہا.... گھناؤنے۔"

اور ہم نے رونے کے انداز سے زبردستی کی ہنسی ہنستے ہوئے گردن جھکالی۔

اصل قصہ یہ ہے کہ جن حضرت کے حسن کی تعریف میں یہ پل باندھے جا رہے تھے اور جن کے مقابلہ میں ہم کو ڈوب مرنے پر مجبور کیا جا رہا تھا۔ وہ ہمارے حقیقی برادر عزیز تھے اور ہم سے کوئی دو سال چھوٹے لوگ کہتے ہیں کہ وہ حسین تر تھے اور ہم گویا کریہہ المنظر لیکن یہ روایات ہمارے

خیال میں پایہ اعتبار سے ساقط ہیں۔ اور قیاساً کہا جا سکتا ہے کہ واقعہ صرف یہ ہوگا کہ بس انیس بیس کا فرق ہوگا۔ وہ اتفاق سے بیس ہو گئے ہوں گے۔ لیکن چونکہ وہ خوش قسمتی سے مر گئے۔ لہٰذا ان کو اب اچھالا جا رہا ہے۔ اور چونکہ ہم بے غیرتی سے زندہ ہیں۔ لہٰذا گھر کی مرغی دال برابر بنے ہوئے ہیں۔ ع

اتنی سی بات تھی جسے افسانہ کر دیا۔

والدہ صاحبہ نے آبدیدہ ہو کر کہا۔

"اگر آج وہ زندہ ہوتا تو کیا خوش رو جوان ہوتا اور تمہارے برابر کا معلوم ہوتا۔"

ہم نے اپنے دل میں کہا اچھا ہوا۔ وہ حضرت مر گئے ورنہ آج ہمارے لیے ہر دم تازہ مصیبت ہوتے لیکن والدہ صاحبہ سے یہی کہا۔

"خیر اب اس بد صورت ہی کو دیکھ کر صبر کیجئے۔"

والدہ صاحبہ کچھ کہنا ہی چاہتی تھیں کہ مہترانی صاحبہ نے اور بھی ہم پر جھاڑو پھیر دی۔

"ہمارے کلّو ہی اچھے خاندان کو سلامت رکھے۔ یہ کلوٹے ہی سب کچھ ہیں۔"

بس یہ سمجھئے کہ ہم گویا مر ہی تو گئے اور ادھر لڑکیوں سے لے کر

بوڑھیاں تک سب ہنسی کے مارے لوٹی جاتی تھیں۔ یہاں تک کہ بیگم صاحبہ بھی اپنے سرتاج کو مہترانی کے منھ سے کلوا کہلوانے کے بعد باغ باغ تھیں۔ والدہ صاحبہ نے مہترانی کو گویا داد دیتے ہوئے کہا۔

" ہاں خدا کرے میرا کلو ہی جیتا رہے اور اپنے ہاتھ سے مجھ کو قبر تک پہنچائے۔ اب تو میرے لیے سب کچھ یہی ہے۔ خوب صورت ہیں تو بدصورت ہیں تو۔"

ہم نے جل کر کہا۔ " مجبوری کا نام شکریہ ہے۔"

ہماری سالی صاحبہ بولیں۔" دولھا بھائی کچھ ایسے زیادہ کالے تو نہیں ہیں۔"

ممانی صاحبہ نے منھ بنا کر کہا۔" اس کے مقابلے میں تو یہ کالے کوئلہ ہیں۔"

بہن صاحبہ نے فرمایا۔" رنگ تو خیر نہیں مگر نقشہ ان کا بھی برا نہیں ہے۔"

ممانی صاحبہ نے آنکھیں نکال کر کہا۔" نہ ان کے نقشہ سے ان کا کوئی مقابلہ، وہ تو کوئی چیز تھا، زندہ ہوتا تو آج بھی یہ اس کے غلام ہوتے سب کھلکھلا کر ہنس دیے۔

اور ہم نے دل ہی دل میں سچے دل سے خدا کا شکر ادا کیا کہ اگر اس

نے ہم کو زندہ رکھا تو ہمارے فریق کو اٹھا لیا۔ ورنہ آج زندہ ہوتا تو ہم کو حرام موت مرنا پڑتا۔ اور حرام موت مرنے سے قبل خدا جانے کن کن مصیبتوں کا سامنا ہوتا۔ آج تو خیر صرف اس کے تصور سے سب نے رقابت پیدا کر دی ہے لیکن وہ حضرت اگر کہیں بقید حیات ہوتے تو ہر وقت کا تقابل ہم کو زندہ درگور بنا دیتا ہم کو محسوس ہو رہا تھا کہ محض اس ذکر سے ہم تمام لوگوں کی نظر سے گر گئے ہیں۔ اور سب ہم کو حقارت کی نظر سے دیکھ رہے ہیں۔ بلکہ ہم خود اپنی نظروں میں ذلیل ہو رہے ہیں۔ اور اگر کہیں وہ زندہ ہوتا تو بتائیے ہمارے لیے سوائے مرنے کے کیا چارہ تھا؟ اس بے موقع ذکر سے ہم کو اور بھی اس لیے تکلیف ہو رہی تھی کہ اب ہماری بیوی جواب تک ہمارے حسن کو مردانہ حسن کا ایک معیار سمجھتی تھیں۔ ہمارے لیے کیا رائے قائم کریں گی۔ تمام دنیا تو بیویوں کو یہ تعلیم دیتی ہے کہ وہ اپنے شوہر کو خواہ وہ کیسا ہی کیوں نہ ہو حسین سمجھیں لیکن ہمارے یہاں ہماری بیوی کو ہم سے متنفر بنایا جا رہا تھا۔ سسرال والے بھی چاہے ویسے زبان سے کچھ نہ کہیں۔ مگر دل میں کیا کہتے ہوں گے کہ کہاں قسمت پھوٹی ہے۔ نوکرانیاں ادب کی وجہ سے خاموش تھیں لیکن ہم کو معلوم تھا کہ ان کے دل میں بھی ہماری عزت شاید ہی کچھ رہی ہو۔ ہم کسی اور کو کیوں کہیں۔ جب ہم خود ہی چور ہو رہے ہیں۔ اور اس وقت تو شرمندگی اور کھسیانے

میں نے ہمارے حسن میں چار چاند لگا دیے ہوں گے۔ ہم اس مبحث کو کسی طرح ٹالنا چاہتے تھے لیکن سب کو شاید اسی میں لطف آ رہا تھا چنانچہ بیگم صاحبہ نے فرمایا۔

"تو اب آپ کیوں برا مانتے ہیں ؟"

ہم پر گویا اور بھی جوتے پڑ گئے لیکن ہم نے جلدی سے کہا۔

"برا ماننے کی کون سی بات ہے۔ یہ بھی آپ نے ایک ہی کہی اب گویا آپ بھی بنا رہی ہیں۔"

والدہ صاحبہ نے فرمایا۔

"پہلے سے تو تم اب بہت غنیمت ہو گئے ہو۔"

ہم نے ذرا خوش ہو کر ایک قانونی نکتہ نکالا "میں بدصورت تھا۔ اب ذرا غنیمت ہو گیا ہوں۔ وہ خوبصورت تو اب ذرا بدصورت ہو گیا ہوتا اور اس طرح ہم وہ دونوں تقریباً یکساں ہو گئے ہوتے۔"

ممانی صاحبہ نے پھر حقارت آمیز تیور سے کہا۔ "نہیں وہ لاکھ برا ہوتا مگر بھیا تمہارا جیسا چمرخ تو کبھی نہ ہوتا۔"

چمرخ کی پھبتی گویا چھا گئی۔ واقعی ہم چمرخ بن کر رہ گئے۔ اور سب ہنسی کے مارے قلابازیاں کھانے لگے۔

والدہ صاحبہ نے ان کی تائید کرتے ہوئے کہا۔

"ہاں وہ واقعی ان کا ایسا تو نہ تھا۔ اس کی ہڈیاں چوڑی تھیں اور۔ انداز تھا موٹے تازے ہونے کا، یہ تو ہمیشہ کے مریل ہیں۔"

اب مریل پر سب کو ہنسی کا دورہ اٹھا اور ہم ان متواتر حملوں سے پسپا ہو کر رہ گئے۔ یہاں تک کہ ہم کو اب غصہ آنے لگا۔ چنانچہ ہم نے برا مان کر کہا۔

"تو پھر اس چمرخ اور مریل کا تم سب نے گلا پہلے ہی کیوں نہ گھونٹ دیا اور ان پری پیکر کو کیوں مرنے دیا۔"

ہمارے اس غصہ پر اور بھی تفریح ہوئی۔ اور سب کی تفریح پر ہم کو اور بھی غصہ آیا۔ چنانچہ ہمشیرہ محترمہ نے نمک مرچ چھڑکتے ہوئے کہا۔

"برا کیوں مانتے ہو، کیا چمرخ نہیں ہو۔ ذرا آئینہ تو دیکھو۔"

ہم نے سنجیدگی سے برامان کر کہا۔

"تو پھر میں اپنی صورت کو کیا کروں۔ جس کو میری صورت دیکھ کر تکلیف ہوتی ہو وہ نہ دیکھے مجھ کو۔ یہ اعتراض تو مجھ پر نہیں ہے۔ صورت بنانے والے پر ہے۔"

ہماری اس ناگواری کی شاید کسی کو توقع بھی نہیں تھی لیکن جب سب نے یہ رنگ دیکھا تو چپ ہو گئے۔ البتہ والدہ صاحبہ نے اٹھ کر جھٹ پٹ ہماری بلائیں لیتے ہوئے کہا۔

"واہ کون کہتا ہے کہ میرا بچہ بدصورت ہے۔ ہزار دو ہزار میں اب بھی ایک ہے۔"

مگر ہمشیرہ محترمہ نے چلتے چلاتے آخری چرکہ دیا۔

"سچ ہے خدا غلام پیدا کرے مگر غلام کی صورت پیدا نہ کرے۔"

ہم تاؤ کر کے رہ گئے۔ لیکن والدہ صاحبہ نے جھڑک کر کہا۔

"چل دور تو تو اس کو ہمیشہ یوں ہی ستاتی ہے۔ پہلے اپنی صورت تو دیکھ۔"

خیر اس وقت تو یہ بحث یہیں پر ختم ہو گیا۔ لیکن اب گویا ہمارے مرحوم برادر عزیز کا حسن ہماری چڑھ بن گیا کہ جہاں ہم کو کسی نے خوش دیکھا بس وہی تکلیف دہ تذکرہ شروع ہو جاتا ہے جہاں ہم نے کسی سے مذاق کیا بس اس کا جواب ہم کو یہی ملتا ہے کہ لیجئے چمرخ بھی بولے۔ بڑے اور برابر والے تو خیر کھری سناتے ہیں۔ لیکن اپنے سے چھوٹوں کا بھی یہ حال ہے کہ گھما پھرا کر اور تہذیب کے دائرے میں لا کر ہم پر چوٹیں ہوتی رہتی ہیں اور ہم ہمیشہ یہی سوچتے ہیں کہ واقعی اگر وہ حضرت نہ مرے ہوتے تو آج ہم پر کیا قیامت گزر رہی ہوتی جب کہ مرنے کے بعد بھی وہ اس طرح ہماری دکھتی رگ بنے ہوئے ہیں۔

چوری

اگر گاندھی اپنی سوانح عمری میں اپنی زندگی کے تاریک پہلو دکھا کر سرخرو ہو سکتے ہیں تو ہم بھی کہہ سکتے ہیں کہ ہم نے بھی چوری کی ہے۔

ہم کو جیب خرچ وہی ملتا تھا جو اوسط درجہ کی حیثیت کے شرفا اپنے بچوں کو دے سکتے ہیں لیکن اخراجات ہمیشہ رئیسانہ رہے ہیں۔ چنانچہ ہمارے لیے یہ ناممکن تھا کہ اسکول میں درمیانی چھٹی کے وقت ہم تنہا پھل کھائیں اور ہمارے دوست منہ دیکھیں یا ہم دو چار آنے پیسوں کے لیے اپنے غمگسار ہم جماعتوں کی فرمائشیں رد کر دیتے۔ یہی وجہ تھی کہ ہم کو پہلے تو ہر روز کسی نہ کسی قیمتی کتاب کی، کسی نہ کسی جدید کاپی اور کچھ نہیں تو کسی مفروضہ اسکولی چندہ کے لیے گھر سے اسکول چلتے وقت دام لینا پڑتے

تھے اور وہ رقم اسکول کی درمیانی چھٹی میں میوہ فروش کی جیب میں پہنچ کر گویا ہمارے اور ہمارے مخصوص احباب کے پیٹ میں پہنچ جاتی تھی۔ یہی وجہ تھی کہ ہم اپنے دوستوں کی آنکھوں کا تارا تھے اور ہمارے دوست ہر وقت اس کے لیے تیار رہتے تھے کہ ایسے دوستوں کو اگر کلیجہ بھی نکال کر کھلا دیا جائے تو کم ہے۔

ہم کیا تعریف کریں اپنے دوستوں کی اس قدر ہم سے محبت کرتے تھے کہ حقیقی بھائی بھی نہیں کر سکتے پھر ہم سے ایسے بے تکلف کہ گویا سچ مچ سگے بھائی۔ اگر ہم خود کھلانے سے انکار بھی کریں تو وہ لڑ لڑ کر ہم سے کھا لیتے تھے۔ یہ بے تکلفی کبھی غیروں میں ہوتی ہے لیکن بعض اوقات ہم بھی مجبور ہو جاتے تھے۔ اس لیے کہ ہر روز ایک نئی اسکولی ضرورت سے دام حاصل کرنا بھی کوئی آسان کام نہ تھا۔ رات بھر غور کرتے تھے۔ تب کہیں جا کر صبح کو کوئی ترکیب ذہن میں آتی تھی لیکن ہر روز تو یہ چالیں چل نہیں سکتے تھے۔ مجبوراً ہم کو میوہ فروش کے یہاں حساب کھولنا پڑا اور نہایت بے فکری کے ساتھ قرض پر احباب نوازی ہونے لگی۔

پہلے مہینہ میں تو میوہ فروش کا مطالبہ اس طرح ادا کیا کہ اسکول کی ڈیڑھ روپیہ فیس کے علاوہ ڈھائی روپیہ جرمانہ گھر سے لے گئے تھے لیکن دوسرے مہینے پورے چار روپیہ کا مطالبہ تھا۔ بہر حال کسی نہ کسی طرح

دو روپیہ ادا کر کے اور باقی دو روپیہ باقی رکھ کر پھر اس لین دین کو چالو رکھا لیکن اب کی مہینہ کی آخری تاریخوں میں جب میوہ فروش نے سات روپیہ دو آنے کی خبر سنائی تو ہوش اڑ گئے۔ لیکن ہمارے ایک جانثار دوست نے کیلے کی ایک پھلی منہ میں رکھتے ہوئے کہا۔

"سات روپے دو آنے ہی تو ہوئے ہیں وہ دیئے جائیں گے"۔

میوہ فروش نے مطمئن ہو کر کہا۔

"ہاں۔ یہ تو معلوم ہے کہ مل جائیں گے ہمارے بھیا کوئی بھاگ تھوڑی ہی رہے ہیں مگر اب کی ہم سب لیں گے"۔

ہمارے دوسرے غمگسار نے مونگ پھلی کی ٹھنگار کرتے ہوئے کہا۔

"ہاں ہاں سب لے لینا ایک پیسہ کے امرود لاؤ"۔ اب ہوئے سات روپے سوا دو آنے۔"

لیکن ہمارا خون خشک ہوا جاتا تھا اور طبیعت گھبرا رہی تھی۔ ہم کو اسی وقت سے فکر تھی کہ کس طرح اس بار سے سبکدوش ہوں گے۔ اس وقت سے اسی فکر میں رہنے لگے کہ والد صاحب قبلہ کو کونسا چرکہ دیں۔ بہ مشکل تمام یہ ترکیب ذہن میں آئی کہ سائنس کے کسی آلہ کے ٹوٹ جانے کا افسوسناک واقعہ نہایت انفعال کے ساتھ سنا کر اس کی قیمت حاصل کریں۔ اس ترکیب کے ذہن میں آتے ہی ہم ایک دم سے اچھل پڑے اور نہایت مسکین صورت

بنائے ہوئے والد صاحب قبلہ کے پاس پہنچے۔ انہوں نے صورت سوال دیکھ کر خود ہی پوچھا۔

"کہئے جناب کون سی خدمت میرے لائق ہے؟"

ہم نے ذرا روتی صورت بنا کر ایک ہاتھ کی انگلیوں کو دوسرے ہاتھ کی انگلیوں میں مروڑتے ہوئے کہا۔

"کل ہم اسکول میں۔۔۔۔ کل ہم سائنس کے کمرے میں۔۔۔ کل ہم اسکول کے سائنس کے کمرے میں پانی کا درجہ حرارت دیکھ رہے تھے۔"

والد صاحب نے گھبرا کر کہا۔ "تو پھر کیا ہوا؟"

ہم نے اور بھی بھولے پن سے کہا۔

"ہم پانی کا درجہ حرارت دیکھ رہے تھے کہ چھینک آگئی۔"

والد صاحب نے کہا۔ "شکر الحمد للہ، اچھا پھر"

ہم نے منہ بسورتے ہوئے کہا۔ "ہم پانی کا درجہ حرارت دیکھ رہے تھے کہ ہم کو چھینک آگئی اور وہ۔۔۔ وہ۔۔۔ تھرمامیٹر۔۔۔"

والد صاحب نے جملہ پورا کرتے ہوئے کہا۔ "ٹوٹ گیا۔ پھر میں کیا کروں؟"

ہم نے اور بھی بسورتے ہوئے کہا۔

"ماسٹر صاحب کہتے ہیں۔۔۔۔"

والدہ صاحب نے غصہ سے کہا۔ "کیا کہتے ہیں۔ ماسٹر صاحب؟"

ہم نے سہم کر کہا۔

"کہتے ہیں کہ اس کی قیمت لاؤ نہیں تو اسکول سے نام کاٹ دیں گے۔"

والد صاحب نے گرجتے ہوئے کہا۔

"کاٹ دیں نام اب ہم تم کو پڑھوانا ہی نہیں چاہتے۔ کاٹ دیں نام۔ کہہ دینا ان سے کہ کاٹ دیں نام۔"

ہم نے جلدی سے کہا اور کہتے ہیں کہ قیمت تو دینا ہی پڑے گی۔"

والد صاحب کو سخت غصہ آ گیا۔

"کیسے قیمت دینا پڑے گی۔ دیکھیں تو اب کیسے لے لیتے ہیں۔ ہم تو نہیں دیں گے اور قیمت کیا ہے اس تھرمامیٹر کی؟"

ہم نے گڑبڑا کر بجائے سات روپے سوا دو آنے کے کہہ دیا۔ "پانچ روپیہ"

والد صاحب کو کیا معلوم تھا کہ ہم نے دو روپیہ سوا دو آنے کی رعایت کی ہے۔ وہ پانچ ہی کا نام سن کر بولے۔

"پانچ روپے کا تھرمامیٹر؟ کیا ہیرے کا تھا؟"

ہم نے کہا۔ "جی نہیں۔ ہیرے کا نہیں تھا مگر قیمتی تھا۔"

کہنے لگے۔ "اچھا تو جاؤ ان سے کہہ دو کہ نام کاٹ دیں ہم پانچ روپیہ قیامت تک نہ دیں گے۔ جاؤ یہاں سے۔"

ہم ادھر سے منہ لٹکائے ہوئے وہاں سے چلے ادھر والدہ صاحبہ مدظلہا نے چپکے سے والد صاحب کے کان میں، ہم کو یہ نہیں معلوم کہ کیا کہا تھا۔ البتہ یہ معلوم ہے کہ والد صاحب ان پر برس پڑے کہ۔

"ہاں تم ہی تو ان لڑکوں کو خراب کرتی ہو۔ اب بتاؤ کہ میں کہاں ان لوگوں کے لیے چوری کروں؟"

والدہ صاحبہ ان سے تو پھر کچھ نہ بولیں لیکن چلتے وقت پانچ روپے کا ایک نوٹ چپکے سے ہم کو دے دیا اور ہم اس کو رشوت کی طرح چپکے سے لے کر چلتے ہوئے۔

پانچ کا تو خیر انتظام ہو گیا لیکن اب سوال یہ تھا کہ باقی دو روپے سوا دو آنے کہاں سے آئیں۔ اس لیے کہ پانچ روپے والے چرکے کے بعد اب یہ ناممکن تھا کہ دو روپے سوا دو آنے کی چوٹ بھی ساتھ ہی ساتھ دی جائے اور اب کی مرتبہ میوہ فروش کا تمام حساب صاف نہیں کہتے ہیں تو وہ گھر پر آکر الگ بھانڈا پھوڑے گا اور ہیڈ ماسٹر صاحب تک الگ یہ قصہ پہنچے گا۔ آخر بہت غور و فکر کے بعد اس معمے کا ایک حل ذہن میں آ ہی گیا۔ اور ہم نے بھی اس عالم نزع میں حرام کو حلال قرار دے کر یہ طے کر لیا کہ کچھ بھی ہو بہرحال دو روپے سوا دو آنے تو ضرور ہی حاصل کیے جائیں گے۔

رات کی خواب آور ہوائیں والد صاحب قبلہ کو تھپک تھپک کر

سلا رہی تھیں اور وہ خراٹے لے لے کر رات کے سکون کو مکمل نہ ہونے دیتے تھے۔ والدہ صاحبہ مدظلہا بھی بے خبر سو رہی تھیں لیکن ان دونوں کا یہ ہونہار لختِ جگر دو روپے سوا دو آنے کی فکر میں جاگ رہا تھا۔ دل نے کہا۔

"اٹھو یہی موقع ہے۔"

لیکن پھر اسی دل نے کہا۔

"بڑی بری بات ہے۔ توبہ توبہ کہیں کوئی ایسی بات کرتا ہے۔ پھر میوہ فروش کی بے مروتی کا خیال آیا اور اس کی بھیانک صورت آنکھوں کے سامنے آگئی۔ دل نے پھر کہا۔

" دیکھا جائے گا۔ پھر کبھی ایسی بات نہ کرنا لیکن آج تو مجبوری ہے۔" لیکن اسی کے ساتھ پھر دل نے کہا۔

اور اگر کوئی جاگ اٹھا تو ؟ پھر خیال آیا چپکے سے وہیں دبک رہیں گے۔ لیکن اب بھی ہمت نہ ہوئی اور ادھر میوہ فروش بھانڈا پھوڑنے پر تلا ہوا تھا۔ ہم نے سوچا کہ اگر اس نے گھر پر آکر غل مچایا تو پھر تھرمامیٹر کا راز بھی کھل جائے گا۔ دل نے پھر مشورہ دیا۔

" اللہ کا نام لے کر بس ہمت کر ہی جاؤ۔"

ہم بھی اب کی مرتبہ دل میں بسم اللہ کہہ کر اٹھے اور دبے پاؤں کمرہ میں پہنچ گئے۔ اندھیرے میں ٹٹول کر اپنا ہاتھ والد صاحب قبلہ کی جیب

میں ڈالا ہی تھا کہ بلی نے دودھ کی پیلی نعمت خانہ سے گرا دی اور ہم میز کے نیچے میز پوش کی آڑ میں سانس روک کر بیٹھ گئے۔ مگر ماشاء اللہ کیا بڑھاپے کی نیند بھی ہوتی ہے کہ نہ تو والد صاحب قبلہ کے خراٹے تھمے اور نہ والدہ صاحبہ مدظلہ نے کروٹ بدلی۔ تھوڑی دیر تک انتظار کرنے کے بعد ہم پھر کوٹ کے پاس پہنچے اور بجائے جیب کے آستین میں ہاتھ ڈال کر دیکھا۔ لیکن اس وقت ہمشیرہ عزیزہ سلمہا کو شرارت سوجھی اور انہوں نے نالہ نیم شبی پوری تان کے ساتھ بلند کرنا شروع کر دیا۔ اب کی مرتبہ ہم الماری کے پیچھے کھڑے ہو کر دیوار سے چمٹ گئے۔ خدا خدا کر کے وہ چپ ہوئیں اور ان کو سلا کر والدہ صاحبہ جب سو گئیں تو ہم پسینہ میں ڈوبے ہوئے پھر کوٹ کے پاس آئے اور غڑاپ سے جیب میں ہاتھ ڈال کر مبلغ تین روپے نکال لیے۔ اس لیے کہ اس وقت پیسوں کا گننا خواہ مخواہ کی طوالت تھی۔ ہم نے نہایت احتیاط سے تینوں روپوں کو دری کے نیچے رکھ دیا۔ اور خود دبے پاؤں چارپائی کے پاس پہنچ گئے لیکن ابھی لیٹے بھی نہ تھے کہ آواز آئی

"کون؟"

ہم یکلخت اچھل پڑے مگر واری حاضر جوابی فوراً کہہ دیا۔

"پیشاب کرنے گئے تھے۔"

اور اطمینان سے لیٹ کر سو گئے۔

دوسرے دن میوہ فروش پر ہمارا اعتماد اس قدر قائم ہو گیا تھا کہ کہ اب اگر ہم سو روپیہ بھی قرض رکھیں تو شاید اس کو کوئی عذر نہ ہوگا لیکن اسکول سے گھر آکر یہ معلوم ہوا کہ کوئی مقدمہ سازش در پیش ہے اور تمام ملازم اس میں ماخوذ۔ والد صاحب الٰہی کو اپنی پیشی میں دھمکا رہے تھے۔

"اگر بتا دو تو کچھ نہیں ورنہ یاد رہے کہ چمڑی اتار دوں گا۔"

الٰہی نے ہاتھ جوڑ کر کہا۔

"حضور جو چاہیں کریں لیکن اگر میں نے روپے چھوئے بھی ہوں تو خدا کرے میں ابھی غارت ہو جاؤں۔"

اثر ہونا چاہیے تھا۔ الٰہی پر مگر ایک دم سے ہم کانپ اٹھے۔

والد صاحب نے پھر گرج کر کہا۔

"تو تم چور کا پتہ چلاؤ۔ ورنہ یاد رہے کہ سب کو تھانہ بھجوا کر ہنٹر بازی کرا دوں گا۔"

الٰہی نے پھر دست بستہ عرض کیا۔

"حضور جو چاہیں کریں، اگر میں چور ہوں تو خدا کرے میرے بال بچوں کا ناس جائے۔"

ہمارے ہاتھ اور پیر ٹھنڈے ہو گئے۔

والد صاحب نے بقر عیدی کو للکار کر بلایا اور کہا۔

یقیناً تو نے میری جیب سے روپے نکالے ہیں؟

بقر عیدی نے بھوں بھوں رونا شروع کر دیا اور ادھر ہمارا بھی دل بھر آیا۔ والد صاحب نے کہا۔

"روتا ہے؟ رونے کی کیا بات ہے؟ لیے ہیں تو بتا دے ، نہیں تو تجھ سے کہلوا کے چھوڑوں گا۔"

بقر عیدی نے روتے ہوئے کہا۔

"میاں میں نے اللہ کی قسم، رسول کی قسم روپے نہیں لیے۔"

والد صاحب نے کھا جانے کے انداز سے کہا۔

"ابے تو کون لے گیا؟"

ہمارے دل نے کہا۔

"ہم"

اور بقر عیدی نے کہا۔

"میاں مجھے مار ڈالیے گا جو میں نے لیے ہوں۔"

ادھر والدہ صاحبہ نقش حیرت بنی بیٹھی تھیں۔ اور بوا جعفری خانم بکھر دے رہی تھیں۔

"واہ یہ کوئی بات ہے کہ ایک چرائے اور سب کی نظریں نیچی ہوں۔ اب نہ الہٰی نے لیے نہ بقر عیدی نے تو پھر سوائے میرے کون

رہ گیا۔ خدا کرے جس نے لیے ہوں آدھی رات کو دم توڑے، ان روپوں کا خرچ کرنا نصیب نہ ہو۔ کفن میں لگیں وہ روپے۔"

اگر والد صاحب قبلہ یا والدہ صاحبہ مدظلہا کو معلوم ہوتا کہ ان کا نعل اس بری طرح کوسا جا رہا ہے تو ابھی جعفری خانم صاحبہ کا منہ کچل دیا جاتا لیکن کسی کو کیا خبر تھی، رہ گئے ہم، تو ہم بھی اس نازک موقع پر اس بدزبان گستاخ ملازمہ سے بدلہ نہیں لے سکتے تھے اور چپ تھے لیکن اپنے کو بالکل بے تعلق ثابت کرنے کے لیے ہم نے والد صاحبہ سے نہایت بھولے پن سے پوچھا۔

"یہ کیا ہوا ہے؟"

والدہ صاحبہ نے حیرت سے کہا۔

"کیا بتاؤں بیٹا۔ آج تمہارے باپ کی جیب سے تین روپے نکل گئے ہیں۔ آج تک کبھی ایسی بات نہیں ہوئی تھی اور اگر یہی حال ہے تو ہر چیز اسی طرح پڑی رہتی ہے۔ کل زیور برتن اور کپڑے بھی چوری ہوا کریں گے۔ جب گھر ہی میں چور ہوں تو خدا حافظ ہے۔"

ہم نے اور بھی سادگی سے پوچھا۔

"تو کس نے لیے ہیں وہ روپے؟"

والدہ صاحبہ نے کہا۔

"خدا جانے بھیا کس نے لیے ہیں سب ہی تو انکار کر رہے ہیں"۔
والد صاحب نے سنتے ہی کہا۔
"کسی نے نہیں اس بقر عیدی کے بچے نے لیے ہیں۔"
اور یہ کہہ کر جو اپنا موٹا سا بید لے کر اٹھے ہیں تو بقر عیدی مچھلی کی طرح زمین پر تڑپ رہا تھا اور ہمارے قلب کی حرکت بند ہونے کے قریب تھی۔ بقر عیدی برابر یہی کہہ رہا تھا۔
"میاں میاں اچھا میں بتاتا ہوں۔"
اور جب والد صاحب اپنا ہاتھ روک کر پوچھتے تھے۔
"اچھا بتا۔"
تو وہ یہی کہتا تھا۔
"چاہے جیسی قسم لے لیجیے میں نے نہیں لیے۔"
اور والد صاحب بید کی پھر موسلا دھار بارش شروع کر دیتے تھے۔ یہاں تک کہ جب مارتے مارتے ادھیڑ دیا تو یکایک بید کا رخ الٰہی کی طرف ہوا اور اس غریب کو بھی ایسا مارا ہے کہ خدا کی پناہ مگر اس نے بھی نہ بتانا تھا نہ بتایا کہ روپے لیے ہیں، مجبوراً والد صاحب کو تھک کر اس جلادی سے ہاتھ اٹھانا پڑا۔ دوسرے ان کا قیمتی بید بھی ٹوٹ چکا تھا۔ البتہ بوا جعفری خانم اب بھی چور کو مع اس کے سگے سوتیلوں کے کوس کوس کر کھائے جا رہی تھیں کہ والد

صاحب نے آخران کو ڈانٹ کر چپ کیا۔ اور حکم دیا کہ بقر عیدی اور الٰہی کے جسم پر تھوپنے کے لیے ہلدی پیسیں۔

ادھر ہم کو اچھی خاصی طرح بخار ہو چکا تھا اور بقول والدہ صاحبہ محترمہ کے ہم سہم گئے تھے۔ بہر حال کچھ بھی ہو اس دن کے بعد سے ہم نے کبھی چوری نہیں کی اور نہ آج تک اس چوری کا اعتراف کیا۔

آج جب کہ نہ والد صاحب اس دنیا میں موجود ہیں اور نہ جعفری خانم یا بقر عیدی یا الٰہی، لہٰذا ہم کو اعتراف کرنے میں کوئی اندیشہ نہیں ہے۔ رہ گئیں والدہ صاحبہ وہ یقیناً اپنے کلیجہ کے ٹکڑے کی اس اخلاقی جرأت پر خوش ہوں گی کہ اس نے بھی کم از کم اس اعتراف جرم کے معاملے میں اپنے کو مہاتما گاندھی ثابت کر دیا ہے۔

افیونی

افیونی تو ایک ایسی چیز ہے جس کو اپنے تاثرات کے اعتبار سے ایک بنگالی اور ایک پٹھان۔ ایک پنجابی اور ایک آسامی کے لیے یکساں ہونا چاہیئے لیکن اس سلسلے میں لکھنؤ نے جو شہرت حاصل کی ہے۔ وہ شاید دنیا کے کسی حصہ کو نصیب نہیں ہوئی بظاہر یہ خصوصیت عجیب سی معلوم ہوتی ہے لیکن وہ لوگ جو افیونی بھی دیکھ چکے ہیں۔ اور اہل لکھنؤ سے بھی ملے ہیں۔ اس خصوصیت کی وجہ سے جانتے ہوں گے کہ لکھنو اور "افیونیت" دونوں اس حد تک متصل ہیں کہ ایک اجنبی کو ایک دوسرے کا شبہ ہو سکتا ہے۔ افیونیوں میں خواہ وہ دنیا کے کسی حصے کے رہنے والے ہوں قدرتی طور پر بہت سی ادائیں ایسی پیدا ہو جاتی ہیں جو اہل لکھنؤ کے لیے مخصوص

ہیں اور لکھنؤ کے اس باشندے میں بھی افیونی کی سی شان ہوتی ہے۔ جس بے چارے نے افیون کی کبھی صورت نہ دیکھی ہو خدا جانے اس مماثلت کی کیا وجہ ہے لیکن آپ کو چاہیے کہ ہمارے بیان کی تصدیق کرنے کے لیے کسی ایسے لکھنوی سے ملیے جو افیونی نہ ہو اور پھر اس کا مطالعہ اس نظر سے کیجیے کہ اس میں "افیونیت" ہے یا نہیں تو آپ کو ہمارے بیان کی تائید کرنا پڑے گی۔ اگر اسی طرح آپ کسی افریقی افیونی کو دیکھیے تو وہ باوجود اپنی ملکی وحشت کے آپ کو اپنی خاص کیفیت میں بڑی حد تک لکھنوی نظر آئے گا۔ اس سے ظاہر ہوتا ہے کہ افیون کے استعمال کے بعد انسان اس حد تک شائستہ ہو جاتا ہے کہ اس پر لکھنوی ہونے کا شبہ کیا جائے ورنہ اس میں شک نہیں رہتا کہ اہل لکھنؤ نے شائستگی افیونیوں سے لی ہے۔ بہر حال جو کچھ بھی ہو یہ کچھ:

حسابِ دوستان در دل

والا قصہ معلوم ہوتا ہے۔

لکھنؤ کے افیونیوں کے متعلق ہم نے اس قدر روایتیں سنیں کہ آخر ہم کو کسی لکھنوی افیونی سے ملنے کا شوق پیدا ہوا لیکن جب اس شوق کی تکمیل نہ ہوئی تو اس نے رفتہ رفتہ آرزو کی صورت اختیار کر لی۔ ہمارا یہ شوق غالباً بے جا نہ تھا۔ ذرا تصور فرمائیے کہ ایک تو افیونی اور پھر لکھنوی

یہ دونوں خصوصیات اپنی اپنی جگہ پر تاریخی حیثیت رکھتی ہیں لیکن جب وہ ایک ہی ہستی میں جمع ہو جائیں تو وہ ہستی ہو گی یا قیامت؟ ایک تو کریلا اور پھر نیم چڑھا۔

مختصر یہ کہ ہم خدا کی اس عجیب و غریب صنعت کو دیکھنے کے لیے بے چین تھے لیکن اب نہ تو وہ لکھنؤ رہ گیا ہے اور نہ اس کی وہ روائتی خصوصیات باقی ہیں لیکن خداوند کریم تو بڑا مسبب الاسباب ہے۔ اس نے ہماری جستجو کو ناکام نہ رہنے دیا اور ہم کو بہت جلد میر صاحب سے شرفِ نیاز حاصل ہو گیا۔

میر صاحب اپنے کو شاہی خاندان سے متعلق بتلاتے تھے اور اس کا ثبوت وہ پندرہ روپیہ ماہوار کا وظیفہ تھا جو ہر مہینہ کی پہلی تاریخ کو بغیر کسی دقت کے برابر مل رہا تھا۔ آپ نہ صرف خالص لکھنوی تھے بلکہ نجیب الطرفین افیونی تھے اور اپنی جماعت میں اس خصوصیت کے اعتبار سے اپنے ہم عصروں میں سب سے زیادہ ممتاز تھے۔ گھر کے اکیلے تھے۔ بیوی بچے تو خیر ایک سرے سے تھے ہی نہیں لیکن ان کے علاوہ نزدیک یا دور کے کسی عزیز کا پتہ نہ چلتا تھا۔ ان کو بیوی بچوں اور عزیزوں کا لطف اپنی افیون ہی سے حاصل تھا۔ اور وہ اپنے کو افیون کے لیے مٹائے ہوئے تھے۔ اس وقت ان کی عمر تقریباً پچاس بلکہ اس سے بھی کم ہو گی لیکن افیون نے اس کو قبل از وقت پٹاری کا اگلن بنا دیا تھا۔ اس کے علاوہ ان کی عام صحت کا یہ حال تھا کہ اگر افیون کے

عادی نہ ہوتے تو ان کی موت یقیناً ٹپ دِق سے واقع ہوتی مگر اب بھی وہ غریب کھانسی، دمہ اور قبض وغیرہ سے پریشان رہتے تھے۔ توانائی کا یہ حال تھا کہ اگر میڈیکل کالج کے طلباء ان کو دیکھ پاتے تو اس زندہ اور انسانی ڈھانچہ کو کبھی نہ چھوڑتے اور اپنے کالج کے میوزیم میں مطالعہ کرنے کے لیے یقیناً بند کر دیتے۔ شکل و صورت کا تو ذکر ہی کیا۔ ضعیفی میں انسان خوب صورت تو نہیں لیکن خوبصورتوں کو ہنسانے والی ایک چیز بن جاتا ہے لیکن میر صاحب پر تو معلوم ہوتا تھا کہ جیسے بڑھاپا پھٹ پڑا ہے۔ کمر بھی اونگھتے اونگھتے جھک گئی تھی۔ تمام جسم کی کھال لٹک پڑی تھی۔ چہرے پر جھریاں پڑی ہوئی تھیں۔ سر کے الجھے ہوئے پٹے بھی بے مروت پڑے تھے اور کھچڑی داڑھی بھی آزادی کے ساتھ جدھر چاہتی تھی پھیل رہی تھی۔ حد تو ہے کہ انگلیوں کے ناخن بھی قطع و برید سے معاف کر دیئے گئے تھے لباس کے معاملہ میں وہ بہت ہی سادہ دل واقع ہوئے تھے۔ یہ غور کرنے کی بات کہ خاندان شاہی کا یہ چراغ نہایت سادہ وضع میں زندگی بسر کر رہا تھا۔ ان کے گھر میں کپڑوں کے لیے کوئی بکس، کوئی صندوق یا کوئی صندوقچی نہ تھی اور نہ اس کی کوئی ضرورت تھی۔ میر صاحب کے پاس جس قدر کپڑے تھے۔ وہ سب ان کے جسم پر رہتے تھے۔ ہم نے تو کبھی بھی ان کے کپڑوں کو دھوبی کے یہاں جاتے یا دھوبی کے یہاں سے دھل کر آتے نہیں دیکھا بس جو کپڑے جسم پر پہنے ہوئے تھے۔ وہ گویا ان کی کھال

ہو کر رہ گئے تھے۔ اب اگر آپ ہم سے یہ پوچھیں کہ ان کپڑوں کا کیا رنگ تھا۔ تو ہم صرف یہ کہہ سکتے ہیں کہ اصلی رنگ کا تو خیر حال معلوم نہیں لیکن کثرت استعمال سے وہ کپڑے رنگ بدلتے بدلتے اب جس رنگ پر قائم ہو گئے تھے۔ اس کو اصطلاح عام میں صاف کا رنگ کہتے ہیں۔ اسی طرح اگر آپ یہ دریافت کریں کہ ان کا لباس کس کپڑے کا ہوتا تھا۔ یعنی تہذیب یا نین سکھ تو اس کے متعلق عرض ہے کہ ہم نے میر صاحب کو ہمیشہ ململ جامہ کو زیب تن کیے ہوئے دیکھا ہے جن پر مکھیوں کی نشست سے ہر وقت مختلف قسم کے نقش و نگار بنتے اور مٹتے رہتے تھے۔ البتہ ان کے کپڑوں کی خوشبو یا بدبو کے متعلق ہم کچھ بھی عرض نہیں کر سکتے۔ اس لیے کہ یہ علم حاصل کرنے کی ہم کو کبھی جرأت نہیں ہوئی۔

میر صاحب کا دولتکدہ ایک بہت ہی ویران محلہ میں تھا جس کا بیشتر حصہ لکھوری اینٹ اور گارے کی شکل میں مکان کے صحن میں نظر آتا تھا اور جو باقی رہ گیا تھا۔ وہ بھی کوئی تاریخی کھنڈر معلوم ہوتا تھا۔ لیکن میر صاحب کی ضروریات کے لیے ایک مختصر سی کوٹھڑی کافی تھی۔ جس میں وہ اپنی تمام گرہستی کے ساتھ رہتے تھے اور باقی فی سبیل اللہ چھوڑ رکھا تھا۔

میر صاحب کی مختصر سی کوٹھڑی میں ایک تو تھی وہ چارپائی جو شاہی زمانہ کے کھٹ بنوں نے اپنے ہاتھ سے بنی تھی۔ حالانکہ اب وہ اپنی بوسیدگی

کے اعتبار سے ٹوٹی ہوئی قبر معلوم ہوتی تھی لیکن میر صاحب اس حالت کو بہت غنیمت سمجھتے تھے بہ نسبت اس کے کہ تمباکو رکھا جاتا تھا۔ ایک اسٹول جس پر گول چینی کی پیالی کاتبوں کی دولت کی طرح رکھی تھی۔ ایک آگ دھونکنے والی دفتی کچھ آگ سلگانے کے لیے گودڑ ایک آبخورہ۔ ایک گھڑا۔ ایک تام چینی کا ڈونگا اور ایک دیاسلائی کی ڈبیہ رکھی تھی۔ ان ہی تمام چیزوں کی میر صاحب کو ضرورت بھی تھی اور ان ہی سے وہ اپنی ضروریات پوری کرتے تھے لیکن زیادہ تر توجہ اسٹول پر رکھی ہوئی پیالی کی جانب رہتی تھی اور معلوم ہوتا تھا کہ ان کی زندگی اسی پیالی میں بند ہے۔

میر صاحب کا زیادہ تر وقت اسی گوشۂ عافیت میں گزرتا تھا لیکن ہر روز کم از کم ایک مرتبہ آپ اپنے ایک دوست کے مکان پر ضرور جاتے تھے۔ جہاں آپ کے تمام ہم مشرب یکجا ہو کر تھوڑا سا وقت دلچسپی ہی کے ساتھ گذارتے تھے۔ اس اجتماع میں بڑے بڑے ملکی اور قومی، سیاسی اور معاشرتی ادبی اور ——— تمدنی، اخلاقی اور علمی مسائل پر بحث ہوتی تھی۔ واقعاتِ حاضرہ پر رائے زنی کی جاتی تھی۔ اور دنیا کے اہم سے اہم معاملات نہایت غور و فکر کے بعد طے پاتے تھے اور اس انجمن میں میر صاحب کو وہی درجہ حاصل تھا جو کسی ذمہ دار کانفرنس کے صدر کو حاصل ہوتا ہے۔ ان کی رائے قطعی اور فیصلہ کن سمجھی جاتی تھی اور ان کے تدبر اور تجربہ کاری کا تمام معاصرین

پر بڑا اثر تھا اور واقعہ بھی یہی تھا کہ اپنے یاران میکدہ میں میر صاحب سب سے زیادہ کہنہ مشق اور سب سے پرانے افیونی تھے۔

ان باتوں کا تذکرہ اس لیے ضروری ہے تاکہ آپ اندازہ کر سکیں کہ ہمارے میر صاحب کس پایہ کے افیونی تھے۔

میر صاحب کی زندگی کا مطالعہ کرنے کے لیے ہم نے ان کے ساتھ بہتر سے بہتر تعلقات پیدا کرنے کی کوشش کی یہاں تک کہ ان کی افیون کے اخراجات کا ٹھیکہ لے لیا جس کے بعد میر صاحب کو اس کا اعتراف کرنا پڑا کہ ابھی تک دنیا باوفا دوستوں سے خالی نہیں ہوئی ہے۔

میر صاحب پر اس طرح قابو حاصل کر لینے کے بعد ہم نے ان کی خاص سوسائٹی میں بھی داخل ہونا شروع کر دیا۔ اور نہایت خاموشی کے ساتھ اس نئی دنیا کی سیر کرتے رہے۔ میر صاحب کا معمول تھا کہ اپنے دوستوں کے مجمع میں جاتے ضرور تھے۔ لہٰذا ہم نے بھی ان کے ہمراہ جانا شروع کر دیا۔ اور وہاں جا کہ صحیح معنوں میں ایک نئی دنیا دیکھی، جس کمرہ میں اس کانفرنس کے اجلاس ہوتے تھے اس کے وسط میں ایک بڑا سا پتیلہ چولھے پر چڑھا رہتا تھا جس میں چائے دم ہوتی تھی اور اس پتیلہ کے چاروں طرف میر صاحب کے تمام دوست حلقہ باندھ کر بیٹھتے تھے۔ اور سب کے سامنے کچھ نہ کچھ ہوتا ضرور تھا کسی کے سامنے چائے کی پیالی

ہوتی تھی تو کوئی کلھڑ لیے بیٹھا ہوتا تھا۔ کسی کے آگے حقہ ہوتا تو کوئی اپنی عزیزاز جان پیالی میں چٹکی ڈالے بیٹھا ہوتا تھا کسی کے ہاتھ میں طلسم ہوشربا کی کوئی جلد ہوتی تھی۔ تو کوئی کھٹیوں سے شغل کرتا ہوا نظر آتا تھا۔

مختصر یہ کہ ہر ایک کسی نہ کسی کام میں مصروف ضرور ہوتا تھا اور اسی کے ساتھ ساتھ اہم ترین معاملات پر تبادلۂ خیال کا سلسلہ بھی جاری رہتا تھا۔ کسی نے کہا۔ (ہر جگہ نون غنہ بڑھا کر پڑھیے)

"اماں بھائی غنیمت ہے جو ہم صورت یہاں دو چار بیٹھے ہیں۔"

دوسرے بولے "ارے یار پھر کہاں ہم اور کہاں یہ صحبتیں مر کر چلے جائیں گے، پھر ہم ہوں گے اور قبر کا کونا۔"

تیسرے نے کہا۔ "سچ ہے بھائی اللہ بس باقی ہوس۔"

چوتھے نے فرمایا۔ "خدا معلوم کیا حشر ہو بڑے گناہ کیے ہیں۔"

پانچویں بولے۔ "واللہ ہم سار و سیاہ بھی دنیا میں کوئی نہ ہوگا نہ نماز کے نہ روزے کے آخر خدا کو کیا منہ دکھائیں گے، بھائی اور چاہے جو کرو نماز ضرور پڑھا کرو، برکت ہوتی ہے اور سارے گناہ معاف ہو جائیں گے، یہ نماز نہ پڑھنا تو جہنم کی سیر کرائے گا۔"

میر صاحب نے فرمایا۔ "اماں لاحول ولا قوۃ کیسی باتیں کرتے ہو، خداوند کریم بڑا رحیم ہے، اماں وہ ہم کو نہ بخشے گا تو کیا فرنگیوں

کو بخشے گا۔ بھائی ہم کلمہ تو پڑھتے ہیں۔ ان گنہگاروں کو دیکھو جو دنیا کے گناہ کرتے ہیں اور پھر ہم پر بادشاہت کرتے ہیں مگر وہاں جا کر پتہ چلے گا۔"

ایک اور صاحب کہنے لگے۔"کیا بات کہی ہے۔ واللہ میر صاحب یہ انگریزوں کی شاہی بھی گاندھی نے کرکری کر دی، سنا ہے کہ اب تو لڑائی ہونے والی ہے۔"

میر صاحب۔" اماں جاؤ بھی گاندھی بے چارا کیا کرتا۔ وہ تو کہو کہ سرکار نے ڈھیل چھوڑ رکھی ہے۔ نہیں تو توپ کے منہ پر باندھ کر اڑا دیتی سرکار سے کوئی کیا لڑے گا۔ ہزاروں بندوقیں، توپیں، تیر و کمان، تلوار سب ہی تو اس کے پاس ہیں سر مر کر دے جو کوئی سر بھی اٹھائے۔ اماں آج یہ چاہے تو بموں میں بارود بھر کر سارے شہر کو اڑا دے۔ ہوائی جہاز سے آگ برسا دے، ریلوے کو اڑا دے، موٹروں سے کچل دے۔ اماں ایک ہوائی جہاز ایسا ہے کہ سب کچھ کر سکتا ہے۔"

ایک صاحب نے فوراً آنکھیں کھول کر فرمایا۔"ارے بھائی میر صاحب خوب یاد دلایا، یاران ہوائی جہازوں سے تو بڑی بے پردگی ہوتی ہے۔ سب پردہ دار عورتوں کو یہ لوگ دیکھتے ہوں گے۔"

دوسرے صاحب کہنے لگے۔" ہاں بھائی کل ہی کا ذکر ہے کہ ایک ہوائی جہاز میرے مکان پر نکلا مگر بہت نیچا تھا۔ میں نے بھی لڑکے

کا لنگڑا لے کر جو اس پر مارا تو قسم ہے آپ کے سر عزیز کی بس ذرا سا بچ گیا۔ نہیں تو زمین پر ہوتا اور ہڈی پسلی سرمہ ہو گئی ہوتی۔"

میر صاحب نے تجویز پیش کی " بھائی اب تو کیا کیا جائے عورتوں کو انگنائی میں نہ نکلنے دیا کرو، ایک شامیانہ لے کر لگا دو۔"

اس کے بعد پردہ کا مسئلہ چھڑ گیا اور پھر یورپ کی آزادی پر تبصرہ ہونے لگا۔ انگریزوں کی دولت کا ذکر ہوا، ان کی تندرستی، ان کی غذا، ان کے لباس، ان کی معاشرت، ان کی گندگی، ان کے کتوں، ان کی میموں اور ان کے بچوں کا تذکرہ ہوا، بے فکری اور فارغ البالی کے موضوع پر دھواں دھار تقریریں ہوئیں۔ ہندوستان کے افلاس پر اظہار افسوس کیا گیا۔ ہندو مسلم کشیدگی پر دیر تک بحث ہوتی رہی۔ سوراج کے امکان پر تبادلہ خیال ہوا۔ جنگ کے آثار کا اندیشہ ظاہر کیا گیا۔ جنگ کے ہولناک نتائج بیان کیے گئے۔ اور پھر قرب قیامت کے وعظ کے بعد ایک صاحب نے تجویز پیش کی کہ ہم سب نماز شروع کر دیں۔ اور اب کی رمضان میں روزے ضرور رکھیں گے۔ افطاری کی فہرست مرتب ہوئی اور یہ دلچسپ کارروائی ایک صاحب کے چاد کی طرف متوجہ ہونے سے ادھوری رہ گئی۔ جس کے بعد سب نے چاد نوشی شروع کر دی اور پھر وہی دور شروع ہوا۔ جس کے ساتھ ساتھ کوئی تو اپنی خاندانی فیاضی کے فسانے سنا رہا۔

کوئی اپنے والد مرحوم کے کارنامے بیان کرتا رہا۔ کسی نے اپنی جوانی کی رنگین داستان چھیڑ دی اور میر صاحب نے اپنے خاص انداز بیان میں واجد علی بادشاہ اودھ کے محلات کا ذکر شروع کیا جو نہیں معلوم کہاں کہاں ہوتا ہوا الہ آباد کی نمائش پر آکر ختم ہوا۔ ایک صاحب جو دیر سے اپنے گھٹنوں میں سر دیے ہوئے بیٹھے تھے ذرا سا ابھرے اور سب کو داستان امیر حمزہ کی طرف متوجہ کیا، جس کی سب نے تائید کی اور ایک صاحب نے شروع کر دیا۔ داستان کا پڑھنا اور سب آنکھیں بند کر کے سننے لگے۔ وہ حضرت داستان پڑھ رہے تھے۔ داستان کے ایک ایک فقرے پر ایکٹنگ بھی فرماتے جاتے تھے۔ لیکن سامعین کا یہ حال تھا کہ رفتہ رفتہ سب کے سر گھٹنوں میں گھستے جاتے تھے صرف داستان گو کی آواز کمرہ میں گونج رہی تھی۔ باقی سب پر ایک سکوت بلکہ موت کی سی کیفیت طاری تھی۔

ہوم ممبر

جس کا باپ زندہ ہو وہ کسی کے باپ کا نوکر کیوں بنے اور واقعہ یہ ہے کہ شرفاء میں بدشگونی سمجھا جاتا ہے۔ باپ کی زندگی میں اس کا لختِ جگر دوسروں کی غلامی کر کے اپنا پیٹ پالے۔ یہ نوکری چاکری تو بس ان لوگوں کے لیے ہے جو شفقتِ پدری سے محروم ہو گئے اور جن کا دنیا میں کوئی سہارا نہیں ہے۔ غالباً یہی وجہ تھی کہ فارغ التحصیل ہونے کے بعد جب گھر آئے تو ہمارے ذہن کے کسی گوشہ میں بھی یہ خیال نہ تھا کہ ہم کو اب کچھ اور بھی کرنا ہے۔ شاہانہ زندگی بسر کرتے تھے اور موج اڑاتے تھے۔ البتہ چونکہ دادا جان مرحوم و مغفور کا انتقال ہو چکا تھا۔ لہٰذا والد صاحب قبلہ کو تو نوکری کرنا ہی پڑی تھی لیکن ہمارے سر پر بفضلہ باپ کا سایہ قائم تھا لہٰذا ہم کو

کیا ضرورت کہ ہم خواہ مخواہ جھکی بنیں لیکن آپ جانتے ہیں کہ یہ دنیا حاسدوں کی بستی ہے۔ لہذا ہماری اس آزادی اور فارغ البالی کو کیوں کر اچھی نظر سے دیکھا جا سکتا تھا۔ نتیجہ یہ ہوا کہ تھوڑے ہی دنوں کے بعد سے ہمارے تمام خاندان والوں کے لیے ہماری یہ آزادی ہی اہم ترین مبحث بن گئی۔ ہر ایک کو اپنی اپنی فکریں چھوڑ کر بس ہماری ہی فکر تھی کہ ہم کیوں آزاد ہیں اور ہم کو خود ان کی طرح کولھو کا بیل کیوں نہیں بنایا جاتا۔ والد صاحب قبلہ کو ہماری طرف سے بھڑکانے کا منظم پروپیگنڈا ہو رہا تھا اور ہمارے خلاف سازشوں کا ایک جال بچھا ہوا تھا۔

ہم بیٹھے ہوئے شطرنج کھیل رہے تھے کہ والد صاحب کے کمرہ میں جناب تایا صاحب قبلہ نے رعد نما آواز میں فرمایا۔

"بیکاری انسان کو نہ صرف آرام طلب بنا دیتی ہے بلکہ دنیا کے کسی کام کا نہیں چھوڑتی۔"

والد صاحب نے حقہ کا طویل کش لیتے ہوئے فرمایا۔ "تو بھائی کچھ تم ہی بتاؤ کہ میں کیا کروں؟ بی اے پاس کرا کے کلرکی کرانے سے رہا ڈپٹی کلکٹری ملتی نہیں۔"

بی اے خاندان بھر میں سوائے ہمارے اور کوئی نہ تھا لہذا ظاہر ہے کہ یہ گفتگو ہمارے ہی متعلق تھی۔ چنانچہ ہم قبل سے شہ دینے کے بجائے

اپنے رُخ کو پڑوا بیٹھے اور اس کی بھی کوئی پرواہ کیے بغیر کان لگا کر اپنے متعلق اس مناظرے کو سننے لگے۔

خالو صاحب نے ٹھکار لیتے ہوئے کہا۔

"صاحبزادے کا حال یہ ہے کہ دن رات تاش، شطرنج اور کیرم کی بازیاں گرم رہتی ہیں۔ اور اوباش دوستوں کے مجمعے میں ہا ہا ہو ہو ہوا کرتی ہے۔ آخر کب تک اس طرح وقت برباد ہوگا؟"

ان خالو صاحب کو ہمارے ساتھ صرف اس لیے دشمنی تھی کہ ہم مستقبل قریب میں ہی حضرت کی فرزندی میں جانے والے تھے۔ لہٰذا وہ اپنی صاحبزادی کے آرام کی وجہ سے ہماری جڑیں کاٹنے پر تلے ہوئے تھے۔ دل میں تو آیا کہ اسی وقت ایک کاغذ اٹھا کر لکھ دیں کہ ہم کو آپ کی دامادی قبول نہیں ہے لیکن والد صاحب نے ہمارے دل کی بات کہہ دی۔

"بھائی سچ تو یہ ہے کہ اس قسم کی ذلیل نوکریاں کرانے سے تو بیکار بٹھا رکھنا اچھا ہے۔"

ہم نے اپنی جگہ پر خوشی سے اچھل کر دل ہی میں کہا ؎

موذن مرحبا بروقت بولا
تری آواز مکّے اور مدینے

خالو صاحب جو ہمارے ٹھیکیدار ہو چکے تھے بھڑ بڑائے۔

"بھائی صاحب قبلہ بیکار بٹھا رکھنا تو اچھا ہے لیکن کبھی آپ نے اس نتیجہ پر غور بھی کیا کہ اس خانہ نشینی سے کیا ہوگا؟ یہ صاحبزادے کچھ دنوں کے بعد دنیا میں کسی کام کے نہ رہ جائیں گے۔"

کچھ دنوں سے غالباً ان کی مراد اپنی صاحبزادی کی شادی کے بعد سے تھی اور واقعی اگر اس قسم کے خر کا کوئی شریف آدمی داماد ہو جائے تو وہ یقیناً کسی کام کا نہیں رہ سکتا لیکن سچ تو یہ ہے کہ ہمارے باپ کا ایسا فرشتہ صفت باپ کسی کا نہ ہوگا، کہنے لگے۔

"تو کیا تم سمجھتے ہو کہ میں اس فکر سے خالی الذہن ہوں۔ مجھ کو خود ہر وقت یہی فکر ہے کہ کسی طرح اس کو برسر روزگار کر دوں لیکن مناسب موقع کا منتظر ہوں۔ آج کل بھی ایک آدھ جگہ میری نظر میں ہے لیکن میں غور کر رہا ہوں۔ آخر ایسی جلدی ہی کیا ہے کہ آنکھ بند کر کے اس کو جہنم میں جھونک دوں۔"

واقعی سچ کہا والد صاحب نے کہ نوکری جہنم ہوتی ہے۔ والد صاحب کے اس جواب سے خالو صاحب کو مات ہو گئی اور ادھر ہمارا بادشاہ غنیم کی فوج میں گھرا ہوا تھا۔ ادھر خالو صاحب والد صاحب قبلہ سے رخصت ہوئے ادھر ہم نے دوسری بازی جمالی۔

خالو صاحب کی اس سازش کا علم ہو جانے کے بعد سچ پوچھیے

تو ہم کو اپنی ہونے والی سسرال سے نفرت ہو گئی تھی۔ اور اگر یہ خالو صاحب قبلہ ہمارے رشتہ دار اور اس قدر قریبی رشتہ دار نہ ہوتے تو بجائے نفرت کے ممکن تھا کہ فوجداری ہو جاتی لیکن ہمارے ہونے والے سالار جنگ بہادر یعنی خالو صاحب کے برسر روزگار بڑے بیٹے کا تو یہ حال تھا کہ "بڑے میاں تو بڑے میاں چھوٹے میاں سبحان اللہ" تھے، ان کو لے دے کے دنیا میں بس یہی کام رہ گیا تھا کہ دنیا میں ہماری بیکاری کا ڈھنڈورا پیٹیں اور ہماری آزادی کا رونا روتے پھریں۔

ایک دن ہمارے یہاں صبح تڑکے کوئی دس بجے کے قریب آئے۔ ہم بیدار تو ہو چکے تھے لیکن ہماری آنکھیں نہیں کھلی تھیں کہ شاید پھر نیند آ جائے۔ ان حضرت نے آتے ہی طنز فرمایا۔

"کیا ان کے یہاں ابھی صبح نہیں ہوئی؟"

کسی نے کہہ دیا کہ طبیعت اچھی نہیں رات دیر سے سوئے تھے آپ فخر سے کہنے لگے۔

"یہ وقت تو لوگوں کے دفتر جانے کا ہے، دیکھئے میں جا رہا ہوں قصہ اصل میں یہ ہے کہ جب تک ان کو کسی کام پر نہیں لگایا جائے گا یہ اسی طرح نوابی کرتے رہیں گے۔"

دل میں آیا کہ نوکر سے کہیں کہ نکال دو ان کو لیکن، اپنے گھر پر آئے

کے ساتھ یہ سلوک کچھ اچھا معلوم نہیں ہوتا تھا۔ لہٰذا ہم دو تین کروٹیں ایک آدھ انگڑائی اور دو چار جماہیاں لے کر کلمہ پڑھتے ہوئے اٹھ بیٹھے۔ ہم کو اٹھتا دیکھ کر یہ حضرت پھر زہر آلود ہنسی ہنسے اور فرمایا۔

"کہیئے حضرت مزاج تو بخیر ہے۔ اب تک آپ پڑے ہی ہوئے ہیں۔"

ہم نے سلام کرتے ہوئے اور آنکھیں ملتے ہوئے کہا۔

"ذرا طبیعت کچھ مضمحل سی تھی۔"

بجائے افسوس کرنے کے انہوں نے پھر دل میں چٹکی لی۔

"طبیعت وبیعت کچھ بھی مضمحل نہ تھی، یہ کہیئے کہ بیکاری کی یہ سب باتیں ہیں۔"

ہم نے کچھ غصہ پی کر کچھ اپنے چہرے پر ظاہر کر کے کہا۔

"اگر آپ لوگوں کو کسی کی بیماری کا بھی احساس نہیں ہوتا تو خیر جانے دیجئے۔ میں نے آپ سے ہمدردی کا مطالبہ نہیں کیا تھا۔ خود آپ نے پوچھا۔ تو عرض کر دیا۔ لیکن اب آپ وہی طعن و تشنیع صرف فرما رہے ہیں۔ جن کو آپ نے خدا جانے کیوں اپنا مشن سمجھ رکھا ہے۔"

اس ڈانٹ سے ہمارے عالی مرتبت سالارِ جنگ کے چہرہ کا رنگ اڑ گیا اور وہ کچھ کھسیانے ہو کر بولے۔

"معاف کیجئے گا میں نے تو یہ محض اس لیے کہا تھا کہ میں نوجوانوں

کی اس بے کاری کو ان کے حق میں زہر سمجھتا ہوں اور میری اب بھی یہی رائے ہے کہ آپ کا موجودہ تساہل جس کو آپ صحت کی خرابی کہتے ہیں صرف اسی بے روزگاری کی بدولت ہے اگر آج برسرِ روزگار ہوتے تو معمولی شکایتیں آپ کو محسوس بھی نہ ہوتیں لیکن آپ کو اس قسم کے الفاظ سے تکلیف ہوتی ہے تو آئندہ یہ گستاخی نہ ہوگی۔"

یہ کہہ کر وہ حضرت تو سنسناتے ہوئے چلے گئے لیکن ہم کو ایک قسم کا اطمینان سا تھا کہ آج ہم نے ان کے مزاج پوچھ لیے ہیں۔ اب ذرا یہ ہمارے خلاف پروپیگنڈا کرنے میں احتیاط برتیں گے لیکن ہمارا قیاس غلط ثابت ہوا۔ پہلے تو یہ حضرت ہماری مخالفت کرتے ہوئے بھی یہ سمجھتے تھے کہ ہم ان کے نازک ترین عزیز قریب ہونے والے ہیں جس کے بعد ان کے گھر بھر کی چوٹی ہمارے گھر بھر کی ایڑی کے نیچے ہو جائے گی مگر اب وہ "آستین میں دشمنِ پنہاں" کے بجائے "ہاتھ میں خنجر کھلا" بن گئے تھے۔ اب اس کا علم ہم کو اس طرح ہوا کہ ہم تو اپنے کمرے میں برج کھیل رہے تھے اور یہ ہمارے دشمن برابر والے کمرے میں ہمارے خلاف زہر اگل رہے تھے۔ یکایک ماموں جان کی آواز آئی۔

"ہاں بیٹا اگر یہی رفتار ہے تو بھیک مانگے بھی نہ ملے گی۔"

ہم سمجھ گئے کہ یہ قصیدہ ہماری شان میں ہے اس لیے کہ ماموں جان صاحب ہمارے ان بزرگوں میں تھے جن کا مقصد زندگی صرف یہ تھا کہ ہم

کو رسوا کریں اور ہماری تذلیل سے خوش ہوں۔ دوسری آواز ہمارے ہونے والے برادر نسبتی صاحب کی تھی۔

"ماموں جان بات یہ ہے کہ خالو ابا کے لاڈ نے اس کو اور بھی لاٹ صاحب بنا دیا ہے۔ بارہ بجے تو صاحبزادے سو کر اٹھتے ہیں پھر فیشن ایبل اس قدر ہیں۔ کہ دن رات کنگھی چوٹی اور بناؤ سنگار سے فرصت ہی نہیں ملتی۔ آوارہ اور مفت خور احباب کی صحبت ہے۔ تاش شطرنج اور گنجفہ وغیرہ سے دلچسپی ہے اور پھر مزاج پایا ہے بادشاہوں والا۔ بھلا ان سے کیا کوئی کام ہو گا۔ بس سمجھئے کہ اب یہ رہے یونہی۔"

ہمارے ماموں نے سانپ کی طرح پھنکار کر کہا۔

"وہ تو بس تمام زندگی ہوم ممبری کرتا رہے گا۔"

سالے صاحب قبلہ بہت خوش ہوئے۔ ٹھٹھا مار کر بولے۔

"ہوم ممبری آپ نے خوب کہا واقعی وہ ہوم ممبر ہی ہے۔"

حالانکہ اگر ہم ہوم ممبر ہوتے تو یہ لوگ جیل کے باہر نکل ہی نہ سکتے دیکھئے تو ظالم نے کیا نام تجویز کیا ہے۔ ہم غصہ میں اپنی بوٹیاں خود ہی نوچ رہے تھے کہ پھر ماموں صاحب نے گل افشانی کی۔

"باپ کی زندگی تک مفت کی روٹیاں توڑ لیں لیکن اس کے بعد کیا ہو گا۔؟"

سالے صاحب بہادر بولے۔

"دیکھ لیجئے گا کہ یہ تمام اکڑ دُم کے راستے نکل جائے گی۔"

ہم غصہ سے ناچ کر اٹھے اور پھر جوش میں بیٹھ گئے۔ خیریت یہ ہوئی کہ پھر ہمارے کان میں کوئی آواز نہ آئی ورنہ ہم ممکن تھا کہ کوئی سعادت مندی کر بیٹھتے۔ لیکن اس دن سے جس کو دیکھئے ہم کو ہوم ممبر ہی کہتا تھا اور بعض وقت تو خود والد صاحب بھی ہنس کر ہوم ممبر کہہ دیا کرتے تھے لیکن وہ تھے سنجیدہ اور وضع دار بزرگ۔ انہوں نے بھی ہماری ممبری میں فرق نہ آنے دیا۔ ہماری تمام آرائشیں دن دونی اور رات چوگنی ترقی کے ساتھ جاری تھیں۔ جلنے والے جلتے تھے اور ہم ان کو جلا کر خوش ہوتے تھے۔ ہمارا ٹینس لان لہلہا رہا تھا۔ ہماری شطرنج کی بازی جمی ہوئی تھی۔ ہمارا سینما پروگرام بدستور جاری تھا۔ آدھی رات کو سونا اور آدھے دن چڑھے بیدار ہونا باقاعدگی کے ساتھ چلا جا رہا تھا۔ ہمارا جیب خرچ والد صاحب کی تنخواہ میں ترقی کے ساتھ ترقی پر تھا۔ اور تمام دنیا ہم کو ہوم ممبر کہتی ہے لیکن ہم تمام دنیا کی اس مخالفت کی ذرہ برابر بھی پرواہ نہیں کرتے تھے۔ اس لیے کہ ہمارا چاہنے والا باپ ہمارا طرفدار تھا۔

ہم بیوی والے بھی ہوئے اور بچے والے بھی لیکن ہماری ہوم ممبری میں ہمیشہ توسیع ہوتی رہی۔ باپ کمائے اور ہم بیٹھے بیٹھے مزے سے اڑایا کئے لیکن وہ وقت بھی آ گیا کہ والد صاحب نے داعی اجل کو لبیک

کہہ کر ہم کو ہوم ممبری کے عہدہ سے سبکدوش کر دیا اور واقعی ہمارا تمام نشہ ایسا ہرن ہوا کہ دراصل ہم تو کچھ چندھیا سے گئے۔

اب وہی ہم ہیں کہ کرایہ کے تانگے کے ٹٹو کی طرح دن رات جُتے رہتے ہیں اور اس وقت بھی ٹھنڈی سانس بھر کے یہی شعر پڑھ رہے ہیں۔

ع یاد آ رہا ہے مجھ کو گذرا ہوا زمانہ
وہ ڈالیاں چمن کی وہ میرا آشیانہ

لاٹری کا ٹکٹ

یہ ہماری ہی شامت تھی کہ ننھے نواب کو شوق دلا دلا کر لاٹری کا ایک ٹکٹ خریدنے پر آمادہ کر دیا۔ لیکن ہم کو یہ نہیں معلوم تھا کہ وہ ایک لاکھ روپیہ کو بلا شرکت غیرے اپنی دولت سمجھنے لگیں گے۔ لیکن جس دن سے انہوں نے ٹکٹ لیا۔ بس یہ معلوم ہوتا تھا کہ ایک لاکھ روپے ان کی جیب میں ہے اور وہ اس کے مالک و مختار ہیں کہ جس طرح دل چاہے صرف کریں۔ وہی بڑے آدمیوں والی باتیں تھیں۔ اور وہی روپوں والوں کا استغنا۔ اب تو اس بیکسی و بےبسی کا کہیں پتہ بھی نہ تھا، جو روپیہ نہ ہونے کی وجہ سے خود بخود انسان میں پیدا ہو جاتی ہے بلکہ بجائے نون تیل لکڑی کے اب ان کو موٹر، کوٹھی اور بینک کی فکریں تھیں۔ پہلے تو ہم کو ان کے

اس شیخ بے چلی پن پر ہنسی آتی رہی لیکن جب ہم نے سمجھ لیا کہ وہ مذاق میں سنجیدہ ہیں۔ تو ہم نے دل ہی دل میں اپنے کو بُری لعنت ملامت کی کہ کیوں ایک اچھے خاصے آدمی کو لاٹری کا ٹکٹ دلا کر بدحواس کر دیا لیکن اس میں سچ پوچھیے تو ہمارا کوئی قصور نہ تھا۔ لاٹری کا ٹکٹ ہم بھی ہمیشہ خریدتے ہیں۔ اور ہماری طرح لاکھوں دوسرے آدمی مگر خدا نہ کرے کہ کسی کا دماغ اس طرح خراب ہو جس طرح ننھے نواب کا سر پھر گیا تھا۔ اب تو ان کے پاس سوائے لکھ پتی آدمیوں کی باتوں کے اور کوئی بات ہی نہ تھی۔ وہی خیالی پلاؤ پکتے تھے۔ وہی ہوا میں قلعوں کی تعمیر ہوتی تھی اور وہی موٹر کوٹھی، سیر و سیاحت اور بینک کے تذکرے ہوتے تھے، کہنے لگے۔

" حضرت گنج، بنارسی باغ، بندریا باغ وغیرہ کے حلقہ میں اگر کوئی قطعہ اراضی برائے فروخت ہو یا کوئی کوٹھی بکنے والی ہو تو خیال رکھنا۔"

ہم نے کہا۔"کیوں دماغ خراب کر رہے ہو؟ ابھی سے قطعۂ اراضی کی بھی فکر ہو گئی۔"

سنجیدگی سے کہنے لگے "میاں یہ نہ کہو، خدا کو دیتے دیر نہیں نہیں لگتی۔ اور میرا دل تو گواہی دے رہا ہے کہ اسی بہانے سے خدا کو مجھے خوشحال بنانا منظور ہے۔"

میں نے کہا۔ "ارے یار سب یہ ہی مگر پہلے خدا کو دن تو دکھانے دو۔
ہنس کر اور خوشی سے تھوڑا پھول کر بولے۔" خدا تو خیر جو کچھ کرے گا۔
وہی ہو گا مگر ہم کو تو اپنے انتظام سے بے فکر نہ رہنا چاہیے۔ میں واقعی تم سے کہتا
ہوں کہ اس قسم کی زمین یا کوٹھی پر نظر رکھنا۔

ہم نے بھی یہ سمجھ کر کہ اگر بے چارہ خوش ہو رہا ہے تو ہمارا کیا نقصان ہے،
ان سے کہہ دیا کہ۔

"اچھی بات ہے میں خیال رکھوں گا۔"

اب ننھے نواب کو صبح سے لے کر شام تک یہی کام تھا کہ جس سے بھی
ملتے تھے مناسب سی کوٹھی اور موزوں قطعۂ اراضی نظر میں رکھنے کی استدعا
کرتے، لوگ پوچھتے تھے کہ نواب آخر کہاں ہاتھ مارا تو آپ نہایت انکسار
کے ساتھ صرف یہی کہتے تھے کہ ع

خدا کی دین کا موسیٰ سے پوچھیے احوال۔

غرضیکہ ننھے نواب کا شیخ چلی پن روز افزوں ترقی کے ساتھ جاری تھا!
یہاں تک اب مارے خوشی کے راتوں کی نیند حرام ہو گئی تھی اور تمام تمام
دن اسی مشغلہ میں گذرنے لگا کہ کسی موٹر کمپنی میں جا کر موٹر دیکھ آئے کسی مالک
مکان سے خریداری کے متعلق بات چیت کر لی۔ کسی انشورنس کمپنی سے
اس کے قواعد و ضوابط پوچھ لیے اور پھر مصیبت یہ تھی کہ ان تمام لغویات کی

تفصیلات ہم سے بیان کی جاتی تھیں اور ساتھ ہی یہ شکایت بھی ہوتی تھی کہ ہم اس معاملہ میں قطعاً دلچسپی نہیں لے رہے ہیں۔ حالانکہ ہم کو یہ فکر تھی کہ جب لاٹری کے نتائج نکلیں گے اس وقت ہم اس غریب کو کیوں کر سنبھالیں گے۔ اور کس منہ سے تسلی دیں گے، ایک دن کہنے لگے۔

"بھائی! آج جو کچھ بھی ہو جائے تم کو میرے ساتھ چل کر زمین دیکھنا پڑے گی۔ واللہ سات ہزار کی زمین ہے اور میں تو سمجھتا ہوں کہ کوڑیوں کے دام مل گئی۔ ایک کوٹھی مع چمن کے نہایت عمدگی کے ساتھ بنے گی۔ میری رائے تو یہ ہے کہ فوراً اس کو خرید لیا جائے۔"

ننھے نواب پھر بولے۔

"میں چاہتا ہوں کہ انتظامات پہلے ہی سے ہو جائیں اور تمام کام بالکل لیس رہے۔"

میں نے ہنس کر کہا۔ "تو اب کچھ رہ گیا ہے؟"

کہنے لگے۔ "رہ جانے کی کون سی بات ہے، کیا خدا کی قدرت نہیں کہ مجھ کو لکھ پتی بنا دے۔"

میں نے کہا۔ "خدا تو سب بنا سکتا ہے مگر خدا نہ کرے کہ کسی کو پاگل بنا دے۔"

کہنے لگے۔ "یعنی؟"

میں نے کہا۔ "یعنی یہ لکھ پتی تو خیر تم بعد میں بنائے جاؤ گے مگر ابھی تو صرف پاگل بنا دیے گئے ہو۔"

کچھ برہم ہو کر بولے "یہ تو اس کا مطلب یہ ہوا کہ مجھ کو خواہ مخواہ مایوس ہو جانا چاہیے۔"

میں نے کہا "ہاں اس قسم کے معاملات میں مایوس ہی رہنا چاہیے۔"

نواب یہ سن کر آبدیدہ ہو گئے اور مجھ کو ان کی حالت زار پر کچھ ایسا بے ساختہ ترس آیا کہ میں نے گھبرا کر کہا۔

"ارے یار میں تو مذاق کر رہا تھا میں ابھی تمہارے ساتھ چلتا ہوں۔"

نواب نے جھٹ اپنے آنسو پی لیے اور بشاش ہو کر بولے۔

"تو پھر چلو نا؟"

میں نے کپڑے پہنے اور ان کے ہمراہ ہو لیا۔ ابھی گھر سے تھوڑی ہی دور ہم دونوں گئے ہوں گے کہ ایک لالہ نے نواب کو سلام کر کے روک لیا۔ اور کہنے لگا۔

"اب کی تو نواب صاحب بہت دیر ہو گئی۔"

نواب نے لاپرواہی سے ہنس کر کہا۔

"ارے تو مرے کیوں جاتے ہو۔ اب کی ۱۵ اگست کو جتنی ضرورت ہو تم خود مجھ سے لے جانا۔"

لالہ نے کہا۔ "نہیں اب میاں اب تو ملنا چاہیئے۔"

کہنے لگے۔ "بھائی رکھ تو دیا ہے کہ پندرہ تاریخ کو آج کے چھٹے روز تم مجھ سے خود دسو دوسو جتنی ضرورت ہوئے جانا۔ روپیہ آرہا ہے اور جس دن آگیا میں خود تم کو خدا کے فضل سے بھر دینے کے قابل ہو جاؤں گا۔"

لالہ کو کچھ تو حیرت تھی اور کچھ وہ نواب کی ان باتوں کو جھوٹ سمجھ رہا تھا۔ اس نے حیرت سے اپنا منھ کھولا ہی تھا کہ نواب نے اس کی پیٹھ ٹھونکتے ہوئے کہا۔ "میاں بس۔"

خدا کی دین کا موسیٰ سے پوچھیے احوال

اور ہنستے ہوئے آگے چل دیے۔ سامنے ایک جوہری کی دکان تھی۔ کہنے لگا۔

"بھائی ذرا یہاں ایک چیز دیکھنا ہے۔"

میں نے پوچھا۔ "کیا؟"

کہنے لگے۔ "ہے ایک چیز از قسم زیور، ذرا تم بھی رائے دیدو گے۔"

میں کچھ اور کہنے ہی والا تھا کہ آپ نے دور ہی سے جوہری کو مخاطب کرتے ہوئے کہا۔

"کہو سیٹھ جی! کوئی چیز ہمارے کام کی بھی ہے؟"

جوہری نے ہاتھ جوڑ کر کھیسیں نکالتے ہوئے کہا۔

"نہیں حضور، ہم چاندی کا تو کاروبار ہی نہیں کرتے۔"

بس ہمارے نواب تو اب بگڑ ہی گئے۔

"عجیب آدمی ہو تم چاندی کا کاروبار؟ چاندی سے کیا تعلق آدمی دیکھ کر بات کیا کرو، میرا مطلب یہ ہے کہ کوئی مناسب سی چمپا کلی جڑاؤ ہے یا نہیں؟"

اب جوہری نے کھڑے ہو کر نواب کو اور ان کے طفیل میں ہم کو بھی ہاتھوں ہاتھ لیا۔ اور آنکھیں بچھاتا ہوا دوکان میں لے گیا۔ نواب نے ایک ایک زیور دیکھنا شروع کیا۔ کبھی چمپا کلی پرکھتے ہیں تو کبھی جھومر کی قیمت پوچھتے ہیں، کبھی کرن پھول اٹھاتے ہیں تو کبھی پتّے بالیاں طلب فرماتے ہیں۔ یہاں تک کہ آخر میں آپ نے اپنی "گھروالی" کے لیے ایک جڑاؤ ہار پسند فرمایا جس کی قیمت سات سو بتیس روپیہ نو آنے چھ پائی تھی۔ مجھ سے کہنے لگے۔

"کیوں بھئی! مناسب رہے گا نا تمہاری بھاوج کے لیے۔"

میں نے سر تسلیم خم کر کے کہا۔ "جو مزاج یار میں آئے۔"

کہنے لگے۔ "واقعی بتاؤ۔"

میں نے کہا۔ "کہہ تو دیا کہ ہاں مناسب ہے یہی۔"

بس آپ نے فیصلہ کن انداز سے سیٹھ جی کی طرف دیکھا اور کہا۔

"اس کو الگ رکھ لیجئے پندرہ تاریخ کو میں خود آؤں گا یا کوئی آدمی آکر قیمت دے جائے گا اور لے جائے گا۔"

سیٹھ جی نے کھیسیں نکال کر دونوں ہاتھ جوڑے اور پیشانی پر رکھ کر جس کو صحیح معنوں میں "دست بستہ" سلام کہہ سکتے ہیں۔

مجھ کو نواب پر ہنسی سے زیادہ ترس آرہا تھا اور ترس سے زیادہ ہنسی مگر نواب بالکل سنجیدہ تھے، اکڑتے ہوئے جوہری کی دکان سے نکلے اور کہنے لگے۔

"میں نے ایک بزرگ سے پوچھا تھا۔ وہ تو واقعی اس ۹۵۰" کو نہایت مبارک بتاتے ہیں۔ میں نے ان سے دعا کرنے کے لیے بھی کہا ہے۔ یار مجھ کو تو ہر طرف سے کامیابی ہی کامیابی نظر آتی ہے۔ کل رات کو خواب میں کیا دیکھتا ہوں کہ کاسہ ہاتھ میں لیے بھیگ مانگ رہا ہوں اور تنہا ہوں بلکہ تمہاری بھاوج بھی پیچھے پیچھے چھوٹے چھوٹے بچے کو گود میں لیے ہوئے آواز ملا کر صدا لگا رہی ہیں اور بڑا بچہ میری انگلی پکڑے ہوئے ہے اس وحشت ناک خواب سے یکایک چونک پڑا اور تمہاری بھاوج کو اٹھا کر تمام خواب من وعن سنا دیا، وہ ہنسیں اور کہنے لگیں کہ خواب کی تعبیر الٹی ہوتی ہے۔ تو اس کے معنی یہ ہوئے کہ میں دولت مند ہونے والا ہوں۔"

میں نے ہنسی کو بمشکل ضبط کرتے ہوئے کہا۔

"واقعی خواب تو نہایت مبارک ہے اور بقول ان بزرگ کے نمبر بھی مبارک ہے۔"

کہنے لگے "دیکھو جو تم یہ کہا کرتے ہو کہ مایوس ہو جانا چاہیے۔"

میں نے کہا "میں اس لیے مایوس ہونے کا مشورہ دیتا ہوں کہ مایوسی کے بعد ہر خوشی اور ہر کامیابی صحیح معنوں میں کامیابی معلوم ہوتی ہے۔ اور اس وقت مسرت کا کوئی اندازہ ہی نہیں ہوتا۔"

چلتے چلتے ایک دم سے رک گئے اور کہنے لگے۔

"دیکھو یہی ہے وہ زمین جس کا میں نے تم سے تذکرہ کیا تھا۔"

زمین واقعی اچھی تھی بشرطیکہ روپیہ ہوتا لیکن اس وقت ہم کو ہر اچھی اور بری زمین کی تعریف کرنا تھی۔ اور صرف زبانی جمع خرچ کا معاملہ تھا۔ لہٰذا ہم نے ان سے اتفاق کرتے ہوئے کہا۔

"واقعی زمین اچھی ہے اور اس میں کوٹھی اس قدر موقع سے بنے گی۔ کہ جواب نہ ہوگا۔"

خوش ہو کر اور خوشی میں نکل آنے والا پسینہ پونچھ کر بولے۔

"ہے نا؛ میں تو کہتا ہوں کہ اس قسم کی زمین دیکھے سے کان میں ۱۷ ہزار کی بھی مفت ہے۔"

ہم نے ترکی بہ ترکی کہا۔ "واقعی مفت ہے۔"

نواب پہلے تو اپنی چھتری سے زمین پر ادھر ادھر لکیریں کھینچتے رہے

پھر بولے۔

"میرے خیال میں اس کا نقشہ کسی انگریز نقشہ نویس سے بنوایا جائے"

میں نے کہا۔ "تو کیا ارادہ کسی ہندوستانی نقشہ نویس سے بنوانے

کا تھا۔ کہیں ایسا غضب بھی نہ کرنا۔"

ہنسے اور کہنے لگے۔ "نہیں میں ایسا احمق نہیں ہوں۔ تم دیکھنا کہ

کیسی کوٹھی بنتی ہے۔ اس کو تو لوگ دور دور سے دیکھنے آئیں گے۔"

ایک طرف جاکر کہنے لگے۔

"دیکھو یہاں باغ رہے گا اور یہ شاگرد پیشہ، موٹر وغیرہ کے لیے

وہ بغل والی جگہ ہے۔"

میں نے بھی صاد کر دیا۔ کہنے لگے۔

"تو اب کل ہی کسی نقشہ نویس کے پاس چلنا چاہیئے اور ہاں دیکھو

اس زمین پر جو کوٹھی ہوگی اس میں بجلی کی روشنی بھی آسانی سے آجائے گی۔

اور یہ جگہ اسٹیشن وغیرہ سے بھی دور نہیں ہے۔ پھر کھلی ہوئی آب و ہوا۔"

میں نے گردن ہلا کر تائید کی اور ہم دونوں یہی ہوائی قلعہ بناتے

ہوئے واپس آگئے۔ گھر آکر ہم نے یہ طے کیا کہ اب جب تک لاٹری کا نتیجہ

نہ نکلے گا ہم نخفے نواب سے نہ ملیں گے۔ گھر میں ہوں گے تو کہلوا دیں گے

کہ نہیں ہیں۔ اور بازار میں ان سے آنکھ بچا کر چلیں گے۔

ننھے نواب بلاناغہ غریب خانے پر آتے رہے لیکن ان کو یہی معلوم ہوتا رہا کہ ہم ابھی ابھی کہیں چلے گئے ہیں یا بڑی دیر کے گھر سے نکلے ہوئے ہیں لیکن بدقسمتی سے ایک دن ہم باہر ہی بیٹھے ہوئے مل گئے۔

"اجی حضت اب تو آپ عید کا چاند ہو گئے ہیں، پتہ ہی نہیں ملتا نقشہ لیے لیے مارا مارا پھرتا ہوں بس سرکار ہیں کہ غائب۔"

عرض کیا۔ "کیا بتاؤں بھائی ملازمت بندگی بیچارگی ہے، کچھ سرکاری غیب شپ تھی۔"

کہنے لگے۔ "اور وہ لاٹری کا نتیجہ بھی غائب ہے۔ آج پندرہ کے بجائے سترہ ہو گئی۔"

ہم نے کہا۔ "نتیجہ آنے ہی والا ہے۔"

کہنے لگے۔ "خیر وہ آتا رہے گا تم یہ نقشہ تو دیکھو۔"

ہم نے نقشہ لیا ہی تھا کہ ملازم نے ڈاک لا کر دی جس میں اخبار کھول کر سب سے پہلے لاٹری کا نتیجہ دیکھا۔ لاٹری کا نتیجہ تھا۔ لاٹری جیتنے والوں کی طویل فہرست تھی۔ ننھے نواب بھی چشمہ لگا کر اخبار پر ٹوٹ پڑے اور ۹۵۰،، کی جستجو شروع ہو گئی۔ آدھ گھنٹہ تک اخبار ٹٹولتے رہے مگر اخبار میں وہ نمبر ہو تو پتہ چلے آخر تھک کر بھرائی آواز میں بولے۔

"ایں۔کیا؟"

میں نے منھ لٹکا کر کہا۔"کچھ سمجھ میں نہیں آتا۔"

کہنے لگے۔"یقیناً ضرور کوئی غلطی ہوئی ہے یعنی "۹۴۹" موجود ہے اور "۹۵۱" کو بھی ایک ہزار والا انعام ملا ہے۔مگر بیچ سے "۹۵۰" کدھر غائب ہو گیا ہے؟"

ان کے چہرہ پر ہوائیاں اڑ رہی تھیں اور رنگ بالکل زرد ہو گیا تھا۔ میں نے ان کو سنبھالنے کا یہی بہترین طریقہ سمجھا۔ ان سے کہہ دیا۔

"اس قسم کی غلطیاں ہمیشہ ہو جاتی ہیں۔اکثر نمبر رہ جاتے ہیں جو بعد میں شائع ہوتے ہیں۔"

کہنے لگا۔"تو پھر تار دیدوں، بلکہ جوابی تار؟"

میں نے کہا۔"اچھا تو ہے۔"

نواب اپنی کوٹھی کا نقشہ پڑا ہوا چھوڑ کر تار گھر روانہ ہو گئے۔ تعجب ہے کہ ان کا دم نہیں نکلا۔